特別支援教育
ONEテーマブック
青山新吾 編集代表 ❼

吃音・難聴・
読み書き障害の子への
ICFに基づく
個別指導

小林宏明・小林葉子 著

刊行にあたって

　学校教育法の一部改正により、特別支援教育が法制化されたのが2007年でした。それは、障害の有無にかかわらず、一人ひとりの子どもたちを大切にする保育・教育への意識を強めました。同時に、特別支援教育の視点を取り入れた授業づくりや集団づくりといった考え方も主張されるようになりました。単に、障害のある子どもへの教育だけではなく、その考え方が、幅広く教育実践に影響を及ぼす時代になってきたのです。しかし、障害の有無だけではなく、子どもたちの実態は多様です。その多様さに応じつつ、子どもたちを育てていけるような更なる教育の有り様が求められています。

　そこでこのたび「特別支援教育 One テーマブック」シリーズを企画しました。このシリーズでは、上記の課題に迫るために、1冊にエッジの効いた One テーマを設定しました。子どもたちにかかわる教師やご家族など多くの方々に、必要な知識や情報、考え方、哲学等をコンパクトにまとめてお届けしていきます。また、幼稚園や学校等での具体的な実践をできるだけリアルな表現で記述していくものにしたいとも考えています。本シリーズが生きづらさのある子どもたちの日々の「生活感」や周囲との「関係」を描き出しながら、具体的な実践のヒントを提供することで、すべての子どもたちの「小さな幸せのかたち」を紡ぎ出していく一助になればうれしく思います。　　　妹尾美穂『Evening Glow』を聴きながら……

　　編集代表　青山新吾（ノートルダム清心女子大学人間生活学部児童学科）

はじめに

　本書は、(1) 吃音や難聴、読み書き障害のある子どもへの、(2) 国際生活機能分類（ICF）に基づく、(3) 個別指導をとりあげます。

　(1) にあげた子どもは、学校生活で、その障害に端を発するさまざまな困難を感じています。また、これらの子どもが抱える障害は、外から見てわかりにくいため、困難に気づいてもらえなかったり、誤解を受けたりすることが多いです。

　そのため、毎日の学校生活で「ちゃんとできるだろうか」と不安や緊張を感じたり、「駄目だ」「バカだ」と自己肯定感が低下したりすることが少なくありません。

　(2) は、近年、関連書籍が多く発刊されるなど、学校教育の現場での認知度が高まっています。しかし、どのようにICFを学校教育に活用するかは、これからの課題です。

　(3) の学校教育における起源をたどると、1950年代に設立された国語科治療教室（市川市立真間小学校）やことばの教室（仙台市立通町小学校）までさかのぼります。学校教育における個別指導は、ここから60年以上にわたる先人たちの貴重な実践の積み重ねの蓄積の上に成り立っています。

　本書では、(1) の子どもの教育について、(3) のこれまで学校教育が積み上げてきた実践の積み重ねと、(2) の21世紀に入って提唱された新しい考え方の双方の観点から、考えていきます。

　本書をこれらの子どもの指導・支援を考える際に、ご活用いただければ幸いです。

特別支援教育 ONE テーマブック⑦
吃音・難聴・読み書き障害の子への ICF に基づく個別指導
もくじ

刊行にあたって……2

はじめに……3

1章 学校教育における個別指導……6

1．個別指導を担当する教師の増加……6

2．個別指導の特徴……7

子どもと教師の一対一で行われる／通常の学校生活から切り離された「特別な場」である／保護者との距離が近い／指導・支援の目標や内容を子どもの実態に応じて決める

3．個別指導の役割や働き……14

「ありのまま」を受け入れる／安定、安心できる場となる／子どもの良き理解者となる／自身の障害について学んだり考えたりする／自身の良いところを（再）発見したり伸ばしたりする／保護者の相談の担い手になる／子ども・保護者と学級担任との橋渡しをする／苦手なこと、不安なことに取り組む／学級の生活をうまく過ごす方法を考えたり練習したりする

2章 ICF を活用した個別指導・支援……24

1．ICF とは……24

2．ICF の成立と発展……25

3．ICF の概要と目標……26

生活機能モデル／共通言語

4．ICF を個別指導に活用する意義……33

「何を」すればいいかが明確になる／指導・支援の偏りを防げる／保護者、学級担任などに個別指導の役割や働きを伝える手段となる

5．ICFを活用した個別指導の提案……35

概念の活用からはじめる／困り感やニーズを把握する／子ども、保護者、学級担任それぞれについて把握する／実際の指導・支援で何ができるかによって変わる／日々変わる／潜在的ニーズがある／困り感やニーズの項目例／生活機能モデルに基づいて網羅的な実態把握をする／本人、保護者、学級担任から情報を収集する／実際の生活場面を把握する／可能な範囲で実態把握の項目を取捨選択する／実態把握の項目例／指導支援計画を立てる／子どもの困り感やニーズ、生活機能モデルに基づいた実態把握の結果を踏まえる／指導・支援の優先順位を決める／相互依存性と相対的独立性があることを踏まえる／子ども、保護者、学級担任と困り感やニーズ、実態把握の結果、指導支援計画を共有する

ICFを活用した個別指導の実際……54

1．吃音・構音の誤り・読み書き困難があり学校に行けなくなった颯介さん……54

ICFを活用した実態把握／颯介さんと母親、学級担任の困り感やニーズ／生活機能モデルに基づく実態把握／大学の教育相談の指導方針の決定／大学生との自由遊びを通して、活力を回復する／認知発達の評価を行い、学校などに情報提供する／母親の相談相手になる

2．難聴があり、通級指導教室で荒れた姿を見せた陽菜さん……66

先生と一緒に「せーの」／内緒でつくろう／かえるくんの気持ち、書いてみる／さよなら、ありがと／ICFの観点から、陽菜さんへの指導を整理する

おわりに……79

1章 学校教育における個別指導

1．個別指導を担当する教師の増加

　特別支援教育の推進にともない、通級指導教室や特別支援学校のセンター的機能（地域支援）などで個別指導を担当する教師が増えています。

　文部科学省によると、特別支援教育が法制化された平成19年度には3,813人だった通級指導担当教員が、平成25年度は6,205人と約1.6倍になっています（表1）。また、地域支援の専任教員にいたっては平成19年度の342人が、平成24年には1,302人と3.8倍となっています（表2）。

年度（平成）	19	21	23	25
担当教員数	3,813	資料なし	5,335	6,205

【表1　通級指導担当教員数の推移】
文部科学省「平成19年度通級による指導実施状況調査」2007年
文部科学省「特別支援教育資料」2011, 2013年

年度（平成）	19	21	23	25
専任教員数	342	1,077	1,235	1,302

【表2　特別支援学校のセンター的機能（地域支援）の専任教員数の推移】
文部科学省「特別支援教育のセンター的機能の取り組みに関する状況調査」
2007, 2009, 2011, 2013年

学校教育（幼稚園〜高等学校）の大きな特徴として、学級を単位とした**集団指導**による**教育が基本**となっていることがあげられます。学校では、教科学習や道徳、特別活動などを集団指導である授業を通して行います。

　また、学校における学習と並ぶ重要な教育活動である生徒指導も、子どもが毎日の学校生活を過ごす場である学級づくりを通して行われます。

　ところが、通級指導や地域支援では、**個別指導が基本**となっています。学級担任から通級指導や地域支援に異動された先生の中には、これらが個別指導を基本としていることに戸惑われる方が少なくないようです。

　通級指導や地域支援などの個別指導は学校教育の一環として行われるものであり、それらの教育の根幹が集団指導と異なるわけではありません。

　ただし、個別指導では、集団指導とは異なる個別指導独特の知識や技術も必要です。そこで、次節以降に、個別指導の特徴や役割、働きを述べたいと思います。

2．個別指導の特徴

　あることばの教室にうかがった際に、

　　「この前、学級担任の先生から、『通級指導は一対一だから楽でいいですね』って言われたんです。一対一ってそんなに楽じゃないんですけどね」

と苦笑いされながらおっしゃった先生がいました。恐らく、この学級担任の先生は、通級指導を「人数の少ない集団指導」ととらえられたのだと思います。そして、「集団指導は、人数が少ない（たった一人！）方が楽」と感じられたのではないでしょうか。

しかし、実際に個別指導を行うと、さまざまな面で集団指導とは異なることがわかります。個別指導には、集団指導にはない難しさがあり、決して楽なわけではありません。しかし、その一方で、**個別指導には、集団指導にはない魅力ややりがいもあります。**

私は、個別指導には、以下にあげるような集団指導にはない特徴があると考えます。

①子どもと教師の一対一で行われる

個別指導は、子どもと教師の一対一で行われます。そのため、子どもと教師の人間関係が極めて濃密です。

一方、集団指導は、教師一人に多数の子どもという構図になっています。そのため、子どもと教師とが一対一でじっくりかかわることは困難です。

子どもと教師がじっくりとかかわり、濃密な人間関係を築けることは、集団指導にはない個別指導の大きな利点であり、魅力です。

ところが、個別指導を実際に行うと、濃密な人間関係であるがゆえの大変さを感じることがあります。それは、「**子ども⇔教師**」の**やりとりしかないことから、関係がゆきづまりやすいことです。**

集団指導では、学級に在籍する子どもの人数分の「子ども⇔教

師」のやりとりがあります。また、教師を介さない「子ども↔子ども」のやりとりもあります。

　このように集団指導では、多種多様のやりとりがあり、仮にある関係にゆきづまってもほかのやりとりをすることでゆきづまりを解消できます。

　ところが、個別指導では、「子ども↔教師」のやりとりしかないため、関係がゆきづまっても、通常学級のようにほかのやりとりで解消できません。そのため、関係がゆきづまったままになることがあります。

　また、「子ども↔教師」のやりとりしかないことは、**子どもと教師の相性が合わないときの「逃げ場」がないことにもつながります。**

　個別指導の対象となるお子さんの中には、障害の特性やこれまでの失敗経験の蓄積から、対人関係を築いたりコミュニケーションを取ったりすることが苦手なお子さんが少なくありません。

　このようなお子さんにとって、教師と面と向かって過ごす個別指導が不安や緊張をともなう活動になりうることは容易に想像できます。

　また、教師も人間ですから、（表だってはいえないでしょうが）お子さんとの相性の良し悪しがどうしてもあると思います。構成メンバーが多く、多種多様なやりとりがある集団指導では、子どもと教師の相性が合わなくても、ほかの子どもとかかわるなど、お互いかかわらないでおくことができます。

　しかし、「子ども↔教師」のやりとりしかない個別指導では、ほか

に「逃げ場」がなく、お互いしんどい思いをすることになりがちです。

②通常の学校生活から切り離された「特別な場」である

　個別指導は、通級指導教室や地域支援室など通常の教育活動に使用しない場所で行います。また、個別指導にあてられる時間は、多くても週数時間程度です。このことは、個別支援が空間的にも時間的にも、通常の学校生活から切り離された**「特別な場」**であることを表しています。

　授業や学級活動などの学級での活動に不安や苦手意識を感じている子どもの中には、通常の学校生活から切り離された個別指導を他者から注意や非難をされない**「安心できる場」**、苦手なことから一時解放される**「一息つける場」**と感じている子どもがいます。

　また、学級の活動がうまくできなくて困ったり自信を失ったりしている子どもの中には、個別指導で教師と一対一でじっくり活動に取り組むことで、困り感が和らいだり自信が回復したりする子どももいます。

　このような子どもにとって、通常の学校生活から切り離された個別指導の場を設けることは意義深いといえます。

　ただし、前述したように、学校教育は学級を単位とした集団指導が基本です。このことは、**個別指導を利用する子どもの生活の場はあくまでも学級であり、個別指導の場ではないことを表しています。**

　そのため、とくに学級担任を長くされてから個別指導担当になっ

た教師の中には、個別指導が通常の学校生活から切り離された場であることへの疎外感や、子どもと毎日の生活を共に過ごせないことへのさみしさを感じる方がいるかもしれません。

③保護者との距離が近い

　個別指導は、多くの場合、保護者同伴で行われます。また、まとまった時間を用いた保護者懇談や、数ページにわたる家庭との連絡ノートを用いたやりとりがされることも少なくありません。

　学級の集団指導でも、授業参観や学級懇談会、保護者との個人面談、連絡ノートを用いたやりとりなど、さまざまな形で保護者とやりとりが行われます。

　しかし、個別指導のように十分なやりとりを確保することは難しい場合が多いのではないでしょうか。

　そのこともあり、個別指導の対象となるお子さんの保護者の中には、個別指導を担当する教師をもっとも身近な相談相手と感じている方が少なくありません。

④指導・支援の目標や内容を子どもの実態に応じて決める

　個別指導は、指導・支援の目標や内容を子どもの実態に応じて決めます。そのため、指導・支援の目標や内容は子ども一人ひとり異なります。

　このことは、学習指導要領や学校行事などに基づき、学級単位で指導計画を立てる学級の集団指導との大きな違いです。

通級指導の指導・支援は、主に自立活動に基づいて行われます（文部科学省,2007）。自立活動は、特別支援学校学習指導要領に定められています。その目的は、
　　「個々の児童又は生徒が自立を目指し、障害による学習上又は生活上の困難を主体的に改善・克服するために必要な知識、技能、態度及び習慣を培う。」
とされています。
　また、内容は、表3にあげた6つの区分にある26の項目から一人ひとりの子どもの実態や必要に合わせて取捨選択します（文部科学省,2009）。
　なお、通級指導では、とくに必要があるときは、障害の状態に応じた各教科の補充を行うこともできます。そのためか、学級担任の中には、学級の授業で用いたプリントの復習などの各教科の補充を通級指導担当の教師に依頼される方もいるようです。しかし、通級指導の基本は、自立活動であり、各教科の補充は副次的なものであることに注意する必要があります。
　指導・支援の目標や内容があらかじめ決まっていない個別指導では、個別指導を担当する教師の裁量がとても大きくなります。
　子どもの実態に応じて、一人ひとりの指導・支援の目標や内容を決めることは、とても創造的でやりがいのある仕事です。
　しかし、指導・支援の目標や内容決定における教師の裁量が大きいことは、**教師一人ひとりの教育観や障害観、指導・支援に関する知識や技術が白日の下にさらされる**ことでもあります。

1 健康の保持
(1) 生活のリズムや生活習慣の形成に関すること。
(2) 病気の状態の理解と生活管理に関すること。
(3) 身体各部の状態の理解と養護に関すること。
(4) 健康状態の維持・改善に関すること。
2 心理的な安定
(1) 情緒の安定に関すること。
(2) 状況の理解と変化への対応に関すること。
(3) 障害による学習上又は生活上の困難を改善・克服する意欲に関すること。
3 人間関係の形成
(1) 他者とのかかわりの基礎に関すること。
(2) 他者の意図や感情の理解に関すること。
(3) 自己の理解と行動の調整に関すること。
(4) 集団への参加の基礎に関すること。
4 環境の把握
(1) 保有する感覚の活用に関すること。
(2) 感覚や認知の特性への対応に関すること。
(3) 感覚の補助及び代行手段の活用に関すること。
(4) 感覚を総合的に活用した周囲の状況の把握に関すること。
(5) 認知や行動の手掛かりとなる概念の形成に関すること。
5 身体の動き
(1) 姿勢と運動・動作の基本的技能に関すること。
(2) 姿勢保持と運動・動作の補助的手段の活用に関すること。
(3) 日常生活に必要な基本動作に関すること。
(4) 身体の移動能力に関すること。
(5) 作業に必要な動作と円滑な遂行に関すること。
6 コミュニケーション
(1) コミュニケーションの基礎的能力に関すること。
(2) 言語の受容と表出に関すること。
(3) 言語の形成と活用に関すること。
(4) コミュニケーション手段の選択と活用に関すること。
(5) 状況に応じたコミュニケーションに関すること。

【表3　自立活動の区分と項目】
文部科学省『改訂版 通級による指導の手引き 解説QandA』第一法規, 2007年
文部科学省『特別支援学校学習指導要領解説 自立活動編』海文堂出版, 2009年

このことは、とくに教師としてのあるいは特別支援教育担当としての経験が浅い先生にとっては、大きなプレッシャーだと思います。

3．個別指導の役割や働き

　これまで述べてきたように、個別指導には、集団指導と異なる特徴があります。このことは、個別指導が、集団指導とは異なる個別指導ならではの役割や働きを担いうることを表しています。それでは、個別指導ならではの役割や働きとは、何なのでしょうか？
　私は、これには以下のようなものがあると考えます。

①「ありのまま」を受け入れる

　吃音、難聴、読み書き障害のある子どもをはじめとした個別指導の対象となる子どもは、障害の特性のため、授業や学級活動がうまくできなかったり、ほかの子に比べ劣ったりします。
　また、吃音のある子どもであれば発表や音読ができない、難聴の子どもであれば指示を聞き漏らす、読み書き障害のある子どもであれば板書をノートに写せないといった「問題行動」のため、保護者や教師からの注意や叱責、あるいはほかの子からの非難や嘲笑を受けることも多いでしょう。
　そして、これらの経験を通して、心が傷ついたり、自信や自己肯定感が下がったりすることが少なくないと考えます。
　私は、このような子どもは、「〇〇ができたら」、「〇〇になったら」と条件つきで受け入れる前に、**まずは、その存在を「ありのま**

ま」、無条件に受け入れる必要があると考えます。

　できないことや劣っていること、「問題行動」をせざる得ない状況にあることをひっくるめ、「今のあなたのままでよい」、「何も変わらなくても、そのままの姿で存在してよい」と伝えることが、子どもの傷ついた心の修復や、自信や自己肯定感の向上、さまざまな物事に取り組もうとする意欲の増進に不可欠だと思うのです。

　学級の集団指導では、さまざまな学習段階の子どもに授業をしたり、学級全体の規範を維持したりするために、教師の思いがあっても、できないことや劣っていること、「問題行動」を「ありのまま」受け入れられないことが多いでしょう。

　しかし、子どもと教師の一対一で行われる、通常の学校活動から切り離された場である、指導・支援の目標や内容を子どもの実態に合わせて決められる個別指導では、子どもを「ありのまま」受け入れやすいのです。

②**安定、安心できる場となる**

　個別指導の対象となる子どもの中には、感情の制御が難しかったり、不安や緊張が強かったりする子どもがいます。このような子どもには、高ぶって混乱した感情を落ち着かせたり、不安や緊張を緩和・軽減させたりするなど、**情緒の安定を図る指導・支援が必要**です。

学級の集団指導では、一人ひとりの子どもにこれらを十分に行うことは難しいと思います。しかし、自立活動の区分に**「心理的な安定」**が含まれていることからもわかるように、これらは、個別指導の主要な目標や内容のひとつです。

　また、子どもと教師の一対一で行われる、通常の学校生活の場から切り離された場である個別指導は、これらがしやすい場でもあるのです。

　また、前述したように、個別指導の対象となる子どもの中には、学級で思うように活動ができなかったり、他者からの注意や非難を受けたりすることで、心が傷ついたり、自信や自己肯定感が下がったりしている子どもが少なくありません。このような子どもの中には、個別指導を、**「安心できる場」**、**「一息つける場」**と感じている子どもが多くいます。個別指導は、このような子どもが学校生活を安心・安定して過ごすための安全基地になると考えます。

③子どもの良き理解者となる

　個別指導の対象となる子どもは、話す、聞く、読み書きするなどほかの子にとっては何でもないことができません。

　また、表現手段が乏しく気持ちや感情を上手く伝えられなかったり、障害や困難を隠したりする子どももいます。このため、保護者や学級担任、ほかの子などから適切な理解を得られないことが少なくありません。

　そして、「ふざけている」、「なまけている」、「やる気がない」な

どと誤解されたり、内面で感じている強い不安や困難が伝わらなかったりするのです。

　特別支援教育が実施されるようになり、学級担任を含む教師の障害理解は飛躍的に深まりました。ただし、障害の特性や障害からくる困難には個人差が大きいため、各障害に対する概論的な知識だけでは、子ども一人ひとりの障害の特性や困難を適正に理解できない場合があります。

　また、学級の集団指導では、デリケートな話題である障害の話を深めるのに必要な時間を確保するのが難しい場合もあるでしょう。

　しかし、特別支援教育への専門性が高い教師が行う個別指導では、一人ひとりの障害の特性や困難をより深く理解できます。さらに、子どもと教師の一対一で行われる、通常の学校教育から切り離された場である個別指導では、デリケートな障害の話を深めやすいと考えます。

④自身の障害について学んだり考えたりする

　個別指導の対象となる子どもの中には、自身の障害を認識していなかったり、障害についての理解が乏しかったりする子どもが多くいます。また、障害を「悪い」、「いけない」こと、障害のある自身を「ダメな」、「劣った」存在ととらえている子どもが少なくありません。

　このような子どもには、それぞれの子どもの年齢や認知発達、性格などに応じて、自身の障害は何なのか、障害の特性や困難にはどのようなものがあるか、障害を改善したり軽減したりするにはどう

すればよいか、などを学んだり考えたりすることを通して、障害に対する適正な認識や理解を図る必要があります。

さらに、子どもが障害を「悪い」、「いけない」こと、障害がある自身を「ダメな」、「劣った」存在ととらえないようにすることは、個別指導の対象となる子どもに頻繁に見られる自己肯定感や自尊感情の低下を防ぐうえで必要不可欠です。

学級の集団指導では、道徳などで障害のある人に関する資料が取り上げられたり、総合的な学習の時間にキャリア教育の一環として自己の適性などの理解を深める指導がされたりすることがあり、これらが自身の障害を考える機会となることがあります。

ただし、学級の集団指導では、自身の障害を深く掘り下げて学んだり考えたりすることは、難しいでしょう。しかし、個別指導では、自立活動の「病気の状態の理解と生活管理に関すること」、「身体各部の状態の理解と養護に関すること」、「健康状態の維持・改善に関すること」（以上、健康の保持）、「障害による学習上又は生活上の困難を改善・克服する意欲に関すること」（心理的な安定）、「感覚や認知の特性への対応に関すること」、「感覚の補助及び代行手段の活用に関すること」（以上、環境の把握）などの項目にあるように、**指導・支援の重要な目標や内容**です。

⑤**自身の良いところを（再）発見したり伸ばしたりする**

言うまでもないことですが、障害は、個別指導の対象となる子どもの特性のごく一部に過ぎません。個別指導の対象となる子どもに

は、ほかの子どもと同じように、得意なことや好きなこと、優れていることがたくさんあります。

しかし、障害による困難が大きければ大きいほど、子ども自身も、両親や学級担任、ほかの子なども、障害でできないことのみに関心が向きがちです。そのような際に、子どもの得意なこと、好きなこと、優れていることを発見（もしくは再発見）し、子どもや周囲の人と確認し合うことで、障害にばかり目が行きがちな子ども自身や周囲の人の見方、とらえ方を変えることができます。

また、個別指導の対象となる子どもの指導では、発話や、聴能、読み書きの指導などの障害のためにできないことの克服・改善に焦点があてられがちです。もちろん、これらは、個別指導の対象となる子どもの指導になくてはならないものです。

しかし、できないことは、子どもにとって苦手なこと、嫌いなこと、ほかの子より劣っていることである場合が多いため、これらの克服・改善にのみ焦点を当てた指導では、かけた労力に見合った成果が得られないことが多いでしょう。そのため、これらがもっと苦手や嫌いになったり、無力感や劣等感が深まったりすることもあるのではないでしょうか。

そこで、**子どもの得意なこと、好きなこと、優れていることをより伸ばすことにも焦点を当てる**ことで、子どもが楽しさや達成感、自己有能感などを感じられるようにする必要があるのです。

自身の良いところを（再）発見したり伸ばしたりする活動は、学級による集団指導でも、しばしばされていると思います。学級では、

毎日の生活を共に過ごす学級担任やほかの子とお互いの良いところを発見し合ったり伸ばし合ったりできるなど、集団指導ならではの利点を活かした取り組みができます。

　一方、個別指導では、子どもと教師の一対一で行われる、通常の学校生活から切り離された「特別な場である」、子どもの実態に応じて指導・支援の目標や内容を決めるという特性を活かした、学級の集団指導とは異なる取り組みができます。そこで、学級の集団指導、個別指導の双方で、それぞれの特性を活かした取り組みを行う必要があります。

⑥保護者の相談の担い手になる

　個別指導の対象となる子どもの保護者の中には、子どもの障害や学校生活に対する不安が強かったり、子どもの障害を受け止められず不安定になったりする方もいらっしゃいます。このような保護者には、保護者懇談の時間を別途設けるなど、よりていねいにやりとりをしていく必要があります。

　　「子どもの相談には、クライエント（相談者）はふたりいる。
　　それは、子ども本人と保護者だ」

とよく言われます。我が子の障害を受け入れ、育て、共に生きるのは、我々の想像を絶する不安や苦悩をともなうことだと思います。私たちは、そのことを本当の意味で理解することはできないでしょう。しかし、悩み苦しむ保護者に寄り添い、話に耳を傾けたり、共に考えたりすることはできます。

子どもが毎日の学校生活を過ごす学級を担任する教師は、保護者の相談の重要な担い手です。しかし、前述したように、個別指導を担当する教師は、保護者とより密なやりとりが行えます。
　そのため、個別指導を利用される子どもの保護者の中には、個別指導を担当する教師をもっとも身近な相談相手と感じている方が少なくないのです。このことは、個別指導を担当する教師が、学級担任とともに、保護者の相談の重要な担い手であることを表しています。

⑦子ども・保護者と学級担任との橋渡しをする
　これまで述べてきたように、個別指導を担当する教師は、子どもや保護者のよき理解者、身近な相談相手であることが多いと思います。そのため、子どもや保護者の中には、学級担任に面と向かって言いにくい授業や学級活動に関する要望や不満などを、個別指導を担当する教師には話せるという方がいらっしゃいます。
　また、特別支援教育の専門家である個別指導を担当する教師は、学級担任から、子どもの障害の特性や困難についての問い合わせや、子どもの指導・支援方法や配慮点についての相談を受けることもあると思います。そして、その中で、学級担任が感じている保護者の我が子の障害への向き合い方についての疑問や家庭生活への要望、不満を、個別指導を担当する教師に話される場合もあると思います。
　このように、個別指導を担当する教師は、**子ども・保護者と学級担任双方の、疑問や要望、不満を把握しやすい立場**にあります。このことは、個別指導を担当する教師が、子ども・保護者と学級担任

との関係が崩れないように注意を払いながら、双方にそれぞれの疑問や要望、不満を伝えたり、両者が折りあえる対応策を提案したりするなど、**子ども・保護者と学級担任との橋渡しの役割**を担えることを表しています。

⑧苦手なこと、不安なことに取り組む

　個別指導の対象となる子どもは、障害の特性や、これまでの失敗体験の蓄積から、授業の発表や友だちとの会話、漢字テストといったさまざまな苦手なこと、不安なことを抱えています。そのため、毎日の生活で、これらに強い苦痛を感じたり、避けてしまったりすることが少なくありません。

　また、これらをできなかったり、避けたりする自身を嫌悪し、精神的に追いつめられる場合もあります。

　このような子どもの中には、苦手なこと、不安なことに段階的にていねいに取り組むことで、苦手意識や不安が軽減していく子どもがいます。また、少しずつ取り組み続けることで、苦手なこと、不安なことを避けることからくる罪悪感や自尊感情、自己肯定感の低下を防げる場合もあるでしょう。

　苦手なこと、不安なことに取り組む活動は、学級の集団指導でも、しばしば行われます。しかし、学級の集団指導では、これらを段階

的にていねいに取り組ませることは難しい場合が多いと思います。

　また、構成メンバーが多く緊張が高まりやすいことも、学級でこれらを取り組む際の障壁となるでしょう。ところが、通常の学校生活から切り離された「特別な場」である、子どもの実態に応じて指導・支援の目標や内容を決める個別指導では、障壁のない環境で、子どもの状況に応じたていねいな取り組みができるのです。

⑨学級の生活をうまく過ごす方法を考えたり練習したりする

　個別指導の対象となる子どもの学校生活における生活の場は学級です。そのため、授業や学級活動、学級担任もしくはほかの子との関わりなどがうまくできるかは、個別指導の対象となる子どもの学校生活の成否を大きく左右します。このことは、個別指導において、**学級の生活をうまくできる方法を考えたり練習したりする指導や支援が必須**であることを表しています。

　個別指導の対象となる子どもは、障害の特性、障害認識や理解の乏しさ、自信や自己肯定感の低下、学級担任やほかの子の理解不足や誤解など、円滑な学級の生活を妨げるさまざまな要因を抱えています。

　学級での集団指導では、これらの要因すべてに対応することは困難です。しかし、個別指導では、子どもと教師の一対一で行われる、通常の学校生活から切り離された「特別な場である」、保護者との距離が近い、子どもの実態に応じて指導・支援の目標や内容を決めるという特徴を活かして、学級の生活をうまくできるようにするためのさまざまな取り組みができます。

ICFを活用した個別指導・支援

1．ICFとは

　1章では、個別指導と学級の集団指導の違いや、個別指導ならではの役割や働きについて、その一旦をお示ししました。

　それでは、個別指導では、実際に「何を」すればよいのでしょうか。

　学級での集団指導では、教科指導や道徳、特別活動、生徒指導などの目標や内容が、学習指導要領や各学校ごとの学校経営計画などに細かく定められています。そのため、「何を」するかは、かなり明確であるといえます。

　ところが、個別指導では、学級の集団指導のように、「何を」するかが明確ではありません。それは、前述したように、個別指導では、子どもの実態に応じて指導・支援の目標や内容を決めるためです。このことは、個別指導では、**的確な子どもの実態の把握を行うことが、指導・支援を行う大前提となる**ことを表しています。

　個別指導の対象となる子どもの実態把握というと、まず思い浮かぶのが、それぞれの**子どもが抱える障害の程度や特徴**だと思います。障害の程度や特徴の把握は、実態把握する際の必須事項です。

　しかし、実際に個別指導を行おうとすると、障害の程度や特徴を把握しただけでは不十分なことに気づきます。

　子どもや保護者は、個別指導に何を望んでいるか。障害を治したいと思っているのか。それとも、毎日の学校生活の困難を何とかし

たいと思っているのか。子どもは毎日の学校生活で何に困難を感じているか。困難をもたらす要因は障害だけか。それとも、障害以外の要因があるのか。逆に、子どもが学校生活で問題なくできていることは何か。得意なことや好きなこと、ほかの子に比べ秀でていることはないか……。

このように、実態把握が必要な事項はさまざまあります。そして、これらが網羅的に把握されてはじめて個別指導の目標や内容が検討できるのです。

それでは、このような多種多様な事柄を、漏れなく、網羅的に把握するには、どうすればよいのでしょうか。

私は、**国際生活機能分類（ICF）の活用**が、そのための有効な手段になると考えます。

そこで、2章では、ICFとは何か、ICFを個別指導で活用する意義について述べるとともに、ICFを活用した個別指導の提案をしたいと思います。

2．ICFの成立と発展

国際生活機能分類（International Classification of Functioning, Disability, and Health; ICF）は、2001年に世界保健機関（WHO）で採択されました。

なお、ICFの日本における正式名称は、「国際生活機能分類－国際障害分類改訂版－」と言います。これは、ICFが従来の国際障害分類（International Classification of Impairments, Disabilities and Handicaps; ICIDH）を改訂したものであることを表しています。

　ICF は、国際的な人間の生活機能と障害の分類法（障害者福祉研究会, 2002）として、医療、福祉、教育などさまざまな分野で活用されています（大川, 2009, 独立行政法人国立特別支援教育総合研究所, 2013など）。

　また、特別支援学校学習指導要領解説自立活動編（文部科学省, 2009）で取り上げられるなど、特別支援教育の領域への普及・浸透も進められています。

参考文献：
障害者福祉研究会『ICF 国際生活機能分類―国際障害分類改定版』中央法規, 2002年
大川弥生『「よくする介護」を実践するための ICF の理解と活用―目標指向的介護に立って』中央法規, 2009年
独立行政法人国立特別支援教育総合研究所『特別支援教育における ICF の活用 Part3』ジアース教育新社, 2013年

3．ICF の概要と目標

　大川は、ICF を以下のように説明しています。

　　ICF とは、「生活機能モデル」に立って、生きることの全体像を総合的に見る「共通言語（共通のものの見方、とらえ方)」であり、よりよく生きていくために働きかけていくツール（道具）である（大川, 2009, 前掲書 p8, 一部改変）。

　この短い文章には、ICF の概要と目標が端的に示されています。そこで、この文章のキーワードである**「生活機能モデル」**、**「共通言語」**について、解説します。

1）生活機能モデル

「生活機能モデル」は、ICF の最も核となる概念で、下の図1のような構造をしています。

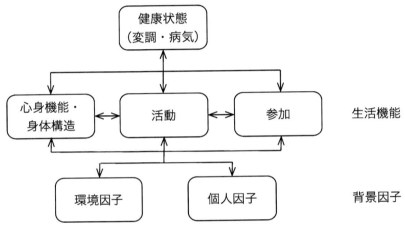

【図1　生活機能モデル（障害者福祉研究会, 2002）】

　ICF の正式な日本語訳（障害者福祉研究会, 2002）では「生活機能モデル」を以下のように説明しています。

生活機能モデルの中心にあるのは「**生活機能**」です。

「**生活機能**」は、「**心身機能・身体構造**」、「**活動**」、「**参加**」の3つ**から構成**されています。

「**心身機能・身体構造**」は、それぞれ、身体系の生理的機能（心理的機能を含む）、器官・肢体とその構成部分などの身体の解剖学的部分のことです。そして、著しい変異や喪失などといった心身機能または身体構造上の問題がある場合、「機能障害（構造障害を含む）」が

あるとします。

「活動」は、課題や行為の個人による遂行のことです。そして、個人が活動を行うときに生じる困難さがある場合、「活動制限」があるとします。

「参加」は、生活・人生場面（life situation）へのかかわりのことです。そして、個人が何らかの生活・人生場面にかかわるときに経験する難しさがある場合、「参加制約」があるとします。

また、生活機能モデルでは、生活機能に影響を与える因子として、「健康状態」と「背景因子」を設けています。

「健康状態」は、変調や病気の有無や程度にとどまらず、妊娠、高齢（加齢）、ストレス状態など、健康状態に影響を与えるさまざまなものを含む幅広い概念です（大川, 2009）。

「背景因子」は、さらに「環境因子」と「個人因子」に分けられます。

「環境因子」は、人々が生活し、人生を送っている物的な環境や社会的環境、人々の社会的な態度による環境を構成する因子のことです。

「個人因子」は、個人の人生や生活の特別な背景のことで、性別、人種、年齢、体力、ライフスタイル、習慣、困難への対処方法、過去及び現在の経験（過去や現在の人生の出来事）、全体的な行動様式、性格、個人の心理的資質など、さまざまなものが含まれます。

ただし、個人因子は社会的・文化的な要因による相違が大きいため、ICFでは具体的な分類はされていません。なお、背景因子は、

肯定的側面である促進因子になる場合と、否定的な側面である阻害因子になる場合があります。

また、これまで述べてきた6つの要素はお互い双方向の矢印で結ばれています。これは、それぞれの要素同士がお互いに関係を与え合う「相互依存性」の関係があることを示しています（図2）。

ただし、各要素にはすべてがほかの要素からの影響で決まるわけではない「相対的独立性」もあります（図3）（大川, 2009）。

大翔さんの事例

【図2　相互依存性の例】

　大翔さんは、吃音でうまく話せないために、大勢の前で話すことが苦手です（①の相互依存性の影響）。

　全校の美化委員をしている大翔さんは、全校集会で全校美化活

の説明をすることになりました。大翔さんは、何日も前から、全校集会で苦手な大勢の前で、話をすることに強い不安と緊張を感じていました（②の相互依存性の影響）。

そして、全校集会では、吃音で音がつまってしまい、なかなか言葉が出ません（③の相互依存性の影響）。さらに、吃音で言葉が出てこない様子を下級生にくすっと笑われてしまいました（④の相互依存性の影響）。

大翔さんは、全校集会できちんと発表できなかったことがショックで、これまでより多く吃音が出るようになりました（⑤の相互依存性の影響）。そして、大勢の前で話すことが、ますます苦手になりました（⑥の相互依存性の影響）。

凜さんの事例

```
┌─────────────────┐    ①   ┌─────────────────┐
│吃音でうまく話せない│ 大勢の前で話すこと ├───→│全校集会で発表する│
│（機能障害）      │ が平気（活動制限なし）│←───│（参加制約なし）  │
└─────────────────┘         ②            └─────────────────┘
```

┌─────────────────┐
│吃音を笑う下級生が│
│ いる（環境因子） │
└─────────────────┘

凜さん

【図3　相対的独立性の例】

凛さんは、吃音でうまく話すことができません。しかし、大勢の前で話すことは平気で、吃音が出ても気にしないで、言いたいことを最後まで話します（「大勢の人の前で話す『活動』」は相対的独立性があるため、「吃音でうまく話せない『機能障害』」との相互依存性の影響を受けない）。

　凛さんは、全校弁論大会の学級代表に選ばれました。凛さんは、学級代表に選ばれたことに誇りを感じ、学級の期待に応えようと一生懸命練習しました。

　全校集会の舞台では、何ヵ所か吃音で音を繰り返したり、つまらせたりしました。また、凛さんの吃音の話し方をくすっと笑う下級生もいました。

　しかし、凛さんは、これらを気にすることなく、最後まで堂々と発表しました（「全校集会で発表する『参加』」には相対的独立性があるため、相互依存性の影響は①［大勢の人の前で話すのは平気→だから全校集会の発表は大丈夫］のみ。「吃音でうまく話せない『機能障害』」、「吃音を笑う下級生がいる『環境因子』」との相互依存性の影響は受けない）。

　凛さんは、学級代表として練習以上に上手に発表できたことに満足しました。そして、またこのような機会があったら発表したいと思いました（「全校集会で発表する『参加』」には相対的独立性があるため、相互依存性の影響は②［全校集会の発表が成功した→ますます、大勢の人の前で話すことが得意になる］のみ。「吃音でうまく話せない『機能障害』」との相互依存性の影響は受けない）。

2）共通言語

　ICF の正式な日本語訳では、ICF の目的を

　　「健康状況と健康関連状況を記述するための、統一的で標準的な言語と概念的枠組を提供することである」

と述べています（障害者福祉研究会, 2002, 前掲書 p3）。

　これは、ICF が「共通言語」としての役割を担っていることを表すものと言えます。

　大川は（2009）は、ICF の「共通言語」としての役割には、次のふたつの意味があると述べています。

　ひとつは、正確な情報伝達のために **ICF の分類そのものを活用**することです。

　ICF には、国際疾病分類（ICD）を使って分類する健康状態と具体的な分類がされていない個人因子を除く 5 つの機能や因子に関する 1,400 項目以上にも及ぶ分類リストが作成されています（表 4）。

　この分類リストを用いることで、それぞれ背景の異なる専門職同士の正確な情報伝達が可能となるのです。

　もうひとつは、生活機能モデルを中心とした **ICF の概念を「共通のものの考え方、とらえ方」として、専門職同士、あるいは当事者やその家族を含めた関係者全員で共有**することです。

　つまり、すべての関係者が、健康状態や心身機能・身体構造だけでなく、活動、参加、環境因子、個人因子を含めて網羅的に把握する必要があることや、各要素が相互依存性と相対的独立性を持ちながら互いに関連し合っていることなどについての共通認識を持つこ

とで、一体的なよりよい支援を目指すのです。

心身機能
精神機能、感覚機能と痛み、音声と発話の機能、心血管系・血液系・免疫系・呼吸器系の機能、消化器系・代謝系・内分泌系の機能、尿路・性・生殖の機能、神経筋骨格と運動に関する機能、皮膚および関連する構造の機能
身体構造
神経系の構造、目・耳および関係部位の構造、音声と発話にかかわる構造、心血管系・免疫系・呼吸器系の構造、消化器系・代謝系・内分泌系に関連した構造、尿路性器系および生殖器系に関連した構造、運動に関係した構造、皮膚および関連部位の構造
活動と参加※1
学習と知識の応用、一般的な課題と要求、コミュニケーション、運動・移動、セルフケア、家庭生活、対人関係、主要な生活領域、コミュニティーライフ・社会生活・市民生活
環境因子
生産品と用具、自然環境と人間がもたらした環境変化、支援と関係、態度、サービス・制度・政策

【表4　ICF の分類（第1レベル）※2】※1　活動と参加は、共通の分類項目を使用します。※2　ICF の分類は、第1～第4レベルまであります。第4レベルの項目数は、1,400以上となります。

4．ICF を個別指導に活用する意義

　私は、ICF を個別指導に活用する意義には、以下のようなことがあると考えます。

① 「何を」すればいいかが明確になる

　ICF では、生活機能モデルにもとづいて、生きることの全体像をとらえます。そのため、ICF を用いると、子どもが毎日の生活で抱えている困難や困難をもたらす要因（障害からくるもの、障害以外から

くるもの）、子どものよいところ、家庭や学校といった子どもを取り囲む環境などを網羅的に把握できます。そうすると、自ずと、個別指導で「何を」すればいいかが明確になるのです。

②指導・支援の偏りを防げる

前述したように、個別指導では、指導・支援の目標や内容を子どもの実態に応じて決めます。このことは、実態をどのように把握するかで、実施する指導・支援が大きく変わることを表しています。

もし、子どもの実態の一部分のみの把握しか行わなかったら、偏った指導・支援となってしまうでしょう。

しかし、ICFを用いて網羅的な実態把握を行うと、このような指導・支援の偏りを防ぐことができるのです。

③保護者、学級担任などに個別指導の役割や働きを伝える手段となる

1章で述べたように、個別指導には、集団指導とは異なる個別指導ならでは役割や働きがあります。しかし、これらは、必ずしも保護者、学級担任などに伝わっていないのが現状ではないかと思います。

そこで、「共通言語」であるICFに基づいて子どもの実態や個別指導の目標や内容を説明すると、保護者や学級担任などにその役割や働きを理解してもらいやすくなるのです。

5．ICFを活用した個別指導の提案

これまで述べてきたように、ICFは子どもの実態を把握したり、関係者同士で共通理解を図るための分類、枠組です。それでは、実際の個別指導では、どのようにICFの分類、枠組を活用したらよいでしょうか。ここでは、1章で述べた個別指導の特徴や役割、働きを踏まえた、ICFを活用した個別指導の提案をします。

1）概念の活用からはじめる

前述したように、ICFの共通言語としての役割には、「**分類**」と「**概念**」のふたつの意味があります。両者は、車の両輪の関係にあり、ICFを使いこなすには、この双方に精通する必要があります。ところが、ICFの分類リストは1,400項目以上にも及びます。そのため、分類リストを理解し、使いこなすには、かなりの時間と労力が必要です。

このこともあり、私は、ICFを個別指導に導入する際は、**まずは、概念の活用からはじめる**のがよいと思います。つまり、健康状態や心身機能・身体構造だけでなく、生活機能モデルに基づき、活動、参加、環境因子、個人因子を含めて網羅的に把握する必要があることや、各要素が相互依存性と相対的独立性を持ちながら、お互いに関連しあっていることといったICFの概念を理解し、個別指導に活用するのです。

なお、私は、概念を理解し、ある程度活用できるようになったら、自ずと分類に関心が向かうと考えています。

必要な分類項目を検索するソフトウェアの開発（独立行政法人国立特別支援教育総合研究所, 2013）など、分類の理解や活用を促す取り組みも進められています。分類の効率的な理解、活用には、これらを用いるとよいでしょう。

2）困り感やニーズを把握する

　困り感やニーズの把握は、集団指導、個別指導の別なく大事なことです。しかし、子どもの実態に応じて指導・支援の目標や内容を決める個別指導では困り感やニーズの把握がことさら重要です。私は、困り感やニーズを把握する際には、以下の点に留意する必要があると考えます。

①子ども、保護者、学級担任それぞれについて把握する

　教育相談をしていると、次のような状況に出会うことがあります。
　蓮さんは漢字の書き取りが苦手で、漢字テストは100点満点中20点位しか取れません。担任の先生は、蓮さんが漢字テストで点数が取れないことを憂い、通常の宿題に加えてテストで書けなかった漢字を復習する宿題を出しました。
　蓮さんは、漢字テストの点数が低いことをほかの子にバカにされないか、恐れています。
　また、ただでさえこなすのが大変な宿題に、苦手な漢字練習が加わったことに不満を持っています。そのため、宿題をしているときに、イライラして母親にあたりました。母親は、蓮さんが宿題の際

<u>にイライラしてあたることに困惑</u>しました。

　このように、<u>子ども</u>、<u>保護者</u>、<u>学級担任</u>が、それぞれ違うところに困り感やニーズを感じていることは少なくありません。

　ところが、実際の個別指導では、保護者や学級担任の困り感やニーズのみが調べられ、本人の困り感やニーズがあまり調べられないことがあります。また、子どもにニーズや困り感を直接尋ねずに、保護者や学級担任の情報から間接的に子どもの困り感やニーズを推測する場合もあるようです。

　そこで、**困り感やニーズの把握は、子ども、保護者、学級担任それぞれについて行う必要**があります。とくに、当事者である子ども本人の困り感やニーズの把握は、必須と考えます。

②実際の指導・支援で何ができるかによって変わる

　個別指導の対象となる子どもの困り感やニーズの中には、比較的短期間に改善、軽減するものもあれば、改善・軽減が困難なものもあります。

　たとえば、吃音のあるお子さんでしたら、「吃音をからかわれる」という困り感であれば、吃音をからかう子を注意するだけで、解消する場合があります。ところが、「吃音を治したい、まったくどもらないで話したい」というニーズになると、現在ある指導技法で対処することは困難です。

　また、個別指導は、学級の集団指導とは、役割や働き、指導の形態が大きく異なります。このことは、子ども、保護者、学級担任が、

個別指導はどのような場所で、どのような指導・支援を受けられるのかについての具体的なイメージを持ちにくいことを表しています。

　これらのことは、子どもや保護者、学級担任に指導・支援のニーズを尋ねる前に、**実態把握の結果やそこから導き出される指導・支援の目標や内容、今後の見通しなどを分かりやすく伝える必要**があることを示しています。

　なお、可能であれば、指導・支援の目標や内容を複数用意し、子どもや保護者が選択できるようにするとよいでしょう。

③日々変わる

　個別指導の対象となる子どもの困り感やニーズは、日々刻々と変わります。

　葵さんは、吃音を同じクラスの男子に真似されたことをきっかけに、教育相談を受けられました。

　葵さんは、学級の男子に吃音を真似されるまでは、吃音を気にしないで、授業の発表を意欲的にしたり、友だちとのおしゃべりを楽しんだりしていたそうです。

　しかし、学級の男子に真似されてからは、吃音が気になり、授業の発表や友だちとのおしゃべりも避けるようになりました。

　教育相談でも、「こんな話し方イヤ」、「吃音を治したい」と涙目になりながら訴える様子が見られました。

　教育相談では、まず、葵さんに「吃音は悪いこと、いけないこと、駄目なことではない」と伝えました。そして、葵さんの了解を得て、

学級担任から、朝の会で「吃音を真似したりからかったりすることは失礼なことでしてはいけない」、「葵さんが吃音で話しにくそうにしているときは、言葉が出るまで待ってほしい」と伝えてもらいました。

そうすると、吃音を真似した男子が、「真似されてイヤだったんだね。ごめんね」と謝ってくれました。また、学級の人全員が、葵さんが吃音で言葉が出ないときに、言葉が出るまで待ってくれるようになりました。

そうすると、葵さんは、以前のように吃音を気にしないで発表したり、おしゃべりを楽しんだりするようになりました。教育相談でも、「吃音、良くなった」「もう、あまり困ってない」と朗らかな顔で話すようになりました。

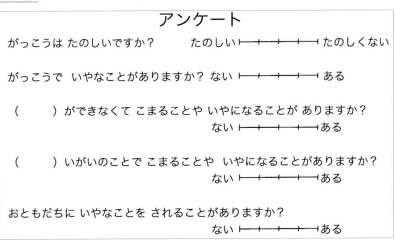

【図4　毎回の指導で行うアンケートの例】※（　　　）は、それぞれのお子さんが抱えている障害や困難を記載します。

このことは、困り感やニーズの把握は、一度したら終わりではなく、毎回の指導・支援の中で、継続的に行う必要があることを表しています。そこで、私は、毎回の指導の冒頭に、簡単なアンケート（図４）を行い、子どもの困り感やニーズの確認をしています。

④潜在的ニーズがある
　私は、ニーズの中には、子どもや保護者、学級担任から直接語られない**「潜在的ニーズ」**があると考えています。
　潜在的ニーズには、

> ①子どもや保護者が自覚していない「生活のしにくさ」
> ②子どもや保護者がまだ気づいていない子どものさらなる成長や発達の可能性

があります。
　①の例としては、実際にはそのようなことはないのに、「失敗しては駄目」、「一人でできないと駄目」などと思い込み、自分で自分のことを追い込んでしまうことなどがあげられます。また、②の例としては、好きなこと、得意なこと、ほかの子よりも優れていることがあるのに、それを発揮する場がない（たとえば、お菓子づくりが大好きで、知識も技術も抱負なのに、学校でお菓子をつくる機会がない）ことなどがあげられるでしょう。

⑤困り感やニーズの項目例

　困り感やニーズの項目例を表5に示します。実際の実態把握では、子どもの障害の特性や、家庭や学校の状況などにより、ここにあげた項目が増減します。

　あくまで一例としてご覧いただければと思います。

子ども	保護者・学級担任
①困り感 ・家庭での困り感 ・学校での困り感 ・習い事などでの困り感 ②現状や将来に対するニーズ ・障害をどうしたいか ・毎日の生活をどうしたいか ・自分自身をどうしたいか ・家庭環境をどうしたいか ・学級環境をどうしたいか ・将来の生活をどうしたいか ③指導・支援のニーズ ・何をしたいか ・どのようにしたいか ・何をしたくないか ・保護者に伝えて欲しいことは何か ・学級担任に伝えて欲しいことは何か	①子どもの困り感 ・家庭での子どもの困り感 ・学校での子どもの困り感 ②保護者・学級担任の困り感 ・家庭での保護者の困り感 ・学校での学級担任の困り感 ③子どもの現状や将来に対するニーズ ・障害をどうしたいか ・毎日の生活をどうしたいか ・自分自身をどうしたいか ・家庭環境をどうしたいか ・学級環境をどうしたいか ・将来の生活をどうしたいか ④子どもの指導・支援のニーズ ・何をして欲しいか ・どのようにして欲しいか ・何をして欲しくないか ・学級担任に伝えて欲しいことは何か ⑤保護者・学級担任のガイダンスや連絡・調整に対するニーズ ・個別指導の担当者と相談したいことがあるか

【表5　困り感やニーズの項目例】

3）生活機能モデルに基づいて網羅的な実態把握をする

つづいて、生活機能モデルに基づいて、網羅的な実態把握をします。ここでは、以下の点に留意する必要があります。

①本人、保護者、学級担任から情報を収集する

前述の蓮さんの例（36頁）は、同じ出来事が、子ども、保護者、学級担任でそれぞれ異なった体験となりうることを表しています。

このことは、ある状況を適正に判断するためには、できるだけその状況にかかわるすべての人から情報を集め、複眼的にとらえる必要があることを示しています。

このため、生活機能モデルに基づいた実態把握をする際にも、子ども、保護者、学級担任のそれぞれから情報収集する必要があります。

②実際の生活場面を把握する

生活機能モデルに基づく実態把握の項目には、心身機能・身体構造の把握で必要となる聴力検査や発達検査、言語検査のように、個別指導の場でないとできないものがあります。

しかし、活動や参加、環境因子の項目の多くは、実際の生活の場である家庭や学校に関するもので占められています。このことは、生活機能モデルに基づく実態把握において、**家庭や学校における実際の生活場面を把握すること**が不可欠であることを表しています。

個別指導では、これらを子ども、保護者、学級担任への聞き取り

や質問紙などで行う場合が多いと思います。もちろん、聞き取りや質問紙によって、これらを詳しく把握することは可能です。

また、通常の学校生活から切り離された個別指導の状況を考えると、聞き取りや質問紙による実際把握が現実的なことも事実でしょう。

しかし、百聞は一見に如かずというように、実際の場面を観察してはじめて把握できる事柄も少なくありません。そこで、聞き取りや質問紙による把握を基本としながらも、可能な範囲で（家庭は難しいとしても）現地に出向き、実際の様子を観察することが望まれます。

③可能な範囲で実態把握の項目を取捨選択する

生活機能モデルでは、生活機能と健康状態、背景因子に関する6つの要素を網羅的に実態把握します。しかし、6つの要素すべてを詳しく把握するには、膨大な時間と労力が必要です。

そこで、生活機能モデルにある6つの要素を網羅的に実態把握する原則は堅持しつつも、可能な範囲で実態把握の項目を取捨選択するのが、現実的です。項目の取捨選択は、困り感やニーズ（図5）、生活や活動の場面（図6）などに応じて行うことができます。

陽太さんの事例

陽太さんは、日直当番で授業の開始と終わりの言葉を言うときに、言葉がつまって出てこないことに強い困り感があります。当番の日

が近づくとだんだん憂鬱な気持ちになり、当日は「学校に行きたくない」と母親にぐずる様子が見られました。

心身機能・身体構造	活動	参加
・発話の流暢性とリズム・速度（吃音の言語症状含む） ・気質と情動機能（フラストレーション耐性の低さ、過敏性、情緒安定度など）	・責任やストレスがかかる場面への対処	・日直当番で授業の開始と終わりの言葉を言う

環境因子	個人因子
・学校の環境（吃音への対応、全般的な対応、からかいの有無、日直当番の仕事の内容や方法を変更できる可能性）	・吃音に対する感情、情緒的反応 ・吃音に対する緊張、葛藤、回避 ・吃音に対する知識、思考 ・全般的な自己認識（嗜好や自己肯定感など） ・性格

【図5　困り感やニーズに応じた実態把握の例】

桜さんの事例

　桜さんには、吃音と読み書き障害があります。桜さんは、4年生の学年行事の二分の一成人式の実行委員に選ばれました。実行委員会は、週1回開かれ、当日のプログラムや司会の言葉などについて話し合います。

　また、実行委員は、二分の一成人式当日、交代で司会を担当します。桜さんは、実行委員に選ばれ、とても張り切っていました。しかし、母親と学級担任は、桜さんが実行委員を無事に務められるか不安でした。

2章 ICFを活用した個別指導・支援

心身機能・身体構造	活動	参加
・発話の流暢性とリズム・速度（吃音の言語症状含む） ・書き言葉の受容、書き言葉の表出 ・認知発達	・話すこと ・音読（司会の台本） ・会話責任やストレスがかかる場面への対処 ・グループでの課題の遂行	・二分の一成人式実行委員会に委員として参加 ・二分の一成人式での司会

環境因子	個人因子
・学校の環境（吃音への対応、読み書き障害への対応、全般的な対応、からかいの有無、二分の一成人式実行委員会での配慮や支援、二分の一成人式の司会への配慮や支援）	・吃音、読み書き障害に対する感情、情緒的反応 ・吃音、読み書き障害に対する緊張、葛藤、回避 ・吃音、読み書き障害に対する知識、思考 ・全般的な自己認識（嗜好や自己肯定感など） ・性格

【図6　生活や活動の場面に応じた実態把握の例】

　また、疾患ごとに必要な実態把握の項目があらかじめ取捨選択されているコアセット、コードセット（独立行政法人国立特別支援教育総合研究所, 2013）を利用してもよいでしょう。

　なお、これまで提唱されているコアセット、コードセットには、学齢期吃音に関するもの（小林, 2014）（図7）、発達障害に関するもの（独立行政法人国立特別支援教育総合研究所, 2013）などがあります。

心身機能・身体構造	活動	参加
・発話の流暢性とリズム・速度（吃音の言語症状含む） ・気質と情動機能（フラストレーション耐性の低さ、過敏性、情緒安定度など） ・言語発達 ・認知発達 ・運動発達	・話すこと ・音読 ・会話 ・責任やストレスがかかる場面への対処 ・人間関係の構築 ・意思決定 ・グループでの課題の遂行	・家族との関係や会話・コミュニケーション ・学校にいる人との関係や会話・コミュニケーション ・授業 ・学級活動 ・学校全体の活動 ・その他（学童保育、習い事、地域での活動など）

環境因子	個人因子
・家庭の環境（吃音への対応、全般的な対応） ・学校の環境（吃音への対応、全般的な対応、からかいの有無） ・その他（学童保育、習い事、地域での活動）の環境	・吃音に対する感情、情緒的反応 ・吃音に対する緊張、葛藤、回避 ・吃音に対する知識、思考 ・全般的な自己認識（嗜好や自己肯定感など） ・性格

【図7　学齢期吃音の実態把握の例（小林, 2014)】
小林宏明『学齢期吃音の指導・支援 ICF に基づいたアセスメントプログラム』学苑社，2014年

④実態把握の項目例

　生活機能モデルの各要素ごとの実態把握の項目例を表6に示します。実際の実態把握では、子どもの障害の特性や、家庭や学校の状況、あるいは実態把握項目の取捨選択基準などによりここにあげた項目が増減します。あくまで一例としてご覧ください。

心身機能・身体構造
知能、全般的な心理社会的機能、気質と人格の機能、活力と欲動の機能、注意機能、記憶機能、情動機能、知覚機能、言語機能（話し言葉、書き言葉の受容と表出)、計算機能、認知機能、視覚機能、聴覚機能、構音機能、発話の流暢性とリズム・速度、運動機能など

活動
注意を集中すること、思考、読むこと、書くこと、計算、問題解決、意思決定、日課の遂行、責任やストレスがかかる場面への対処、グループでの課題の遂行、コミュニケーション、会話、ディスカッション、歩行、排泄、食べること、健康の管理、更衣、他者への援助、対人関係の構築など
参加
家族との関係や会話・コミュニケーション、学校にいる人との関係や会話・コミュニケーション、授業、学級の活動（朝の会、日直当番、休み時間など）、学校全体の活動（全校集会、運動会、学習発表会、委員会、クラブなど）、その他（学童保育、習い事、地域での活動など）など
環境因子
家庭での障害に対する対応、家庭での全般的な対応、学校での障害に対する対応、学校での全般的な対応、家庭・学校以外の場所での障害に対する対応、家庭・学校以外の場所での全般的な対応、障害を原因としたからかいやいじめの有無、障害や困難に対する特別な支援や配慮の可能性
個人因子
障害に対する情動（感情、情緒的反応）、障害に関する行動（緊張、葛藤、回避）、障害に関する認知（知識、思考）、自己認識（得意なこと、好きなこと、苦手なこと、嫌いなこと）、自己肯定感や自尊感情、自己有能感、モラール（志気）、性格

【表6　実態把握の項目例】

⑤指導支援計画を立てる

　これまで述べてきた困り感やニーズ、生活機能モデルに基づく実態把握の結果に基づいて、指導支援計画を立てます。

　なお、ICFは**指導・支援の方向性や概要（目標や内容など）を決める手がかりを提供する分類・枠組**です。したがって具体的な指導・支援の方法や技術を提供するものではありません。

　そこで、具体的な指導・支援の方法や技術については、1章で述べた個別指導の特徴や役割、働きを踏まえながら、教科教育や特別

優先順位	指導の内容	対応する生活機能モデルの要素
1	保護者や学級担任などへのガイダンスや連絡・調整 ・保護者や学級担任などへの障害に関する基礎情報の提供 ・家庭、学校などの環境調整　など	環境因子
2	情緒・情動の安定 ・指導者との自由遊びや共同活動を通したかかわり　など	心身機能・身体構造（気質と人格の機能、活力と欲動の機能、情動機能） 個人因子（自己肯定感や自尊感情、自己有能感、志気〔モラール〕）
3	障害に関する情動・行動・認知への対処 ・子どもと障害の話をする ・障害の学習 　・障害は、悪いこと、駄目なことではないこと 　・障害の基本知識（同じ障害の人の数など） 　・障害の特性 ・障害の対処法について考えたり学んだりする ・同じ障害がある子どもや大人に出会う　など	障害に対する情動（感情、情緒的反応） 障害に関する行動（緊張、葛藤、回避） 障害に関する認知（知識、思考）
4	障害による困難の緩和・軽減・改善 ・障害による困難の緩和・軽減・改善を目指した指導・支援 ・障害による困難の代償、代替手段の開発	健康状態、心身機能・身体構造
5	自己認識や全般的な性格への対処 ・肯定的な自己認識を培う ・自身の性格や特性を良いところ、改善した方が良いところの双方の観点から客観的にとらえる	個人因子（自己認識〔得意なこと、好きなこと、苦手なこと、嫌いなこと〕、性格）
6	実際の生活における活動・参加を意識した発話・コミュニケーション指導 ・毎日の生活で困っていることの作戦会議 ・毎日の生活場面を想定した練習 ・毎日の生活の中で、苦手だったり不安に感じていることに取り組む	活動、参加

【表7　困り感やニーズ、生活機能モデルに基づく実態把握を踏まえた指導・支援の提案（小林（2014）を一部改変）】

支援教育などで用いられているものを準用します。

　私は、困り感やニーズ、生活機能モデルに基づく実態把握を踏まえた指導・支援には、表7にあげたものがあると考えます。

　また、指導計画立案では、以下の点に留意する必要があります。

①子どもの困り感やニーズ、生活機能モデルに基づいた実態把握の結果を踏まえる

　言うまでもないことですが、指導支援計画立案は、子ども、保護者、学級担任の困り感やニーズを踏まえる必要があります。

　とりわけ、**当事者である子どもの困り感やニーズは、指導支援計画立案の際に最も重視する必要**があります。ところが、実際の指導計画立案では、障害やできないところ、あるいは保護者や学級担任の困り感やニーズにのみ注目し、子どもの困り感やニーズがおきざりになることが少なくありません。

　また、生活機能分類に基づいた網羅的な実態把握を行っても、結局は、心身機能・身体構造にのみに焦点を当てた指導支援計画が立てられることもあるでしょう。

　このように、困り感やニーズ、生活機能分類に基づいた実態把握を行っても、その結果に基づいて指導支援計画がなされないのであれば、子どもや関係者が実態把握のために費やした時間と労力が無駄になってしまいます。

　そこで、指導支援計画は（とくに子どもの）困り感やニーズ、生活機能分類に基づいた実態把握の結果を踏まえて立てる必要があります。

②指導・支援の優先順位を決める

　個別指導の対象となる子どもの中には、困り感やニーズが複数ある子どもが多いと思います。

　また、生活機能モデルに基づく実態把握でも、指導・支援の必要な項目が複数となる子どもがほとんどでしょう。

　困り感やニーズ、指導・支援の必要な項目が複数ある場合、これらをどのような順番で、指導・支援するか優先順位を決める必要があります。

　それでは、指導・支援の優先順位はどのように決めればよいでしょうか。私は、表7（48頁）に示した順位が、目安になると考えます。

　ただし、実際の指導・支援の優先順位は、困り感やニーズの強さや、指導・支援の時間・労力対効果（指導・支援の効果が表れるまでに要する時間や労力）の兼ね合い、障害の特性、子どもの興味や嗜好、家庭や学校の状況など、さまざまな要因を考慮して決める必要があります。

　そこで、ここに示した順位はあくまでも目安としていただければと思います。

③相互依存性と相対的独立性があることを踏まえる

　生活機能モデルにある6つの要素には、それぞれ相互依存性と相対的独立性があります。このことは、図8にあげたように、これらを踏まえた指導・支援計画立案が有用なことを表しています。

2章　ICFを活用した個別指導・支援

【図8　相互依存性と相対的独立性を踏まえた指導・支援計画立案の例】

　拓真さんは、吃音があり、学級での発表が苦手です。拓真さんは、総合的な学習の時間の課題で、自分の好きなことについて発表することになりました。

　拓真さんは、鉄道が大好きで、担任の先生を含めた学級の誰よりも深い知識を持っていました。

　そこで、ことばの教室の先生と相談して、拓真さんの住む石川県に開通したばかりで、学級の人の関心が高い北陸新幹線について発表することにしました（興味、意欲、自己有能感が高く、学級の人からの

肯定的な評価が得やすい内容を取り上げることで、個人因子や環境因子の相対的独立性を高め、これらと参加との肯定的な相互依存性の影響［①、②］を高める）。

　拓真さんは、ことばの教室の先生と一緒に、言いにくい言葉の「金沢」をどうするか考え、発表時に黒板に貼る模造紙でつくった発表資料の路線図を指さして「この駅は」と言うことにしました（言いにくい言葉を言わないですむ方法を考えることで心身機能・身体構造の相対的独立性を高め、心身機能・身体構造と活動との否定的な相互依存性の影響［③］を弱める）。

　また、ことばの教室の先生は、拓真さんに、聞いている人が分かりやすいように、ゆっくり話すようアドバイスしました。

　そして、ことばの教室の先生を前に、何度も発表の練習をしました（ゆっくり話すようにアドバイスをする、何度も発表の練習をすることで活動の相対的独立性を高め、活動と参加との肯定的な相互依存性の影響［④］を高める）。

４）子ども、保護者、学級担任と困り感やニーズ、実態把握の結果、指導支援計画を共有する

　これまで述べてきた困り感やニーズ、実態把握の結果、指導支援計画を子ども、保護者、学級担任に伝えます。

　また、子ども、保護者、学級担任から、困り感やニーズ、実態把握の結果、指導支援計画についての追加的な情報や意見を尋ね、これらの更新、充実を図ります。

これらの情報を子ども、保護者、学級担任に伝える際は、それぞれの要素の障害や困難、できないこと、苦手なこと、劣っていることなどのマイナス面だけでなく、できること、好きなこと、頑張って取り組んでいることなどのプラス面も伝える必要があります。
　そうすることで、障害や困難一辺倒になりがちな子どもに対する見方、とらえ方を変えることができます。
　また、子どものプラス面を関係者で共有することで、家庭や学校などでも、子どものプラス面をさらに伸ばす取り組みが行われるようになるでしょう。

ICFを活用した個別指導の実際

　3章では、ICFを活用した個別指導の事例を紹介します。

　1．は、大学の教育相談で、吃音、構音の誤り、読み書き困難、不登校とさまざまな困難をかかえたお子さんに、ICFを活用した実態把握をした報告です。

　2．は、ろう学校の通級指導で荒れた言動が目立った難聴のあるお子さんに行った指導を、ICFの観点から整理した報告です。

　なお、今回の事例紹介にあたっては保護者から了解をいただいております。また、報告の趣旨に支障がない範囲で、個人情報に関する部分に脚色を加えました。

1．吃音・構音の誤り・読み書き困難があり、学校に行けなくなった颯介さん

　颯介さんが初めて教育相談に来られたのは、保育園の卒園式を終えた3月の終わりでした。教育相談の主訴は、吃音でした。一緒に遊びながら、颯介さんの発話を観察すると、「ぼ、ぼ、ぼ、ぼくは……」、「ぼくは、は、は、きのう……」と語頭や語尾の音を繰り返す吃音が見られました。

　また、「そうすけ」が「とうしゅけ」とサ行がタ行、シャ行に置換する構音（発音）の誤りも見られました。

　そこで、大学の教育相談では、吃音と構音の誤りに焦点を当てた発話指導を行うことにしました。

1年生の終わりになると、発音の誤りは、ほとんど見られなくなりました。また、2年生の中頃になると、良いときと悪いときの波はありながらも、徐々に吃音も治まっていきました。

　ところが、学級全体への指示だけで動けず個別の声かけが必要、漢字を覚えられない、授業の際にノートを書き取るのに時間がかかるなど、新たな問題が表れました。そこで、読み書き（とくに漢字の書き取り）を中心とした学習指導に、教育相談の内容を変更しました。

　そんな颯介さんが、学校に行けなくなったのは、5年生の5月でした。学校に行けなくなったきっかけには、次のふたつが考えられました。

　ひとつは、学級に在籍する児童の人数が10人近く増えたことです。颯介さんは、人数が増え、学級の雰囲気がこれまでよりざわざわしていると感じました。そして、ざわざわが気になって授業などに集中できず、頭やお腹が痛くなると訴えました。

　もうひとつは、運動会の組み体操です。初めてのことへの不安や緊張が強い颯介さんは、5年生から始まる組み体操をとても心配していました。また、危険をともなう組み体操の練習のピリピリした雰囲気も苦手でした。

　颯介さんは、学校に行けなくなってからも、教育相談には休まず来てくれました。しかし、4年生までの茶目っ気のある活き活きとした様子が一変し、大好きだった大学生のお姉さんと遊ぶ時間も、机につっぷしたり、ぼーっと漫画を読んで過ごすようになりました。

何よりも、うつろで淀んでいる目に、颯介さんの、つらさ、しんどさが表れていました。

　颯介さんが学校に行けなくなり、学習指導を中心にしてきた教育相談も見直さざるを得なくなりました。そこで、母親と相談して、颯介さんがどのようなしんどさやつらさをかかえているか理解するために、ICFを活用した実態把握をすることにしました。

1）ICF を活用した実態把握

　颯介さんには、これまで、得意の手と苦手の手（Chmela ら, 2012）（図9）、学校生活アンケート（自作）（図10）、表8の検査（58頁）などを行ってきました。

　また、教育相談のたびに母親と面談し、さまざまなことを伺いました。さらに、小学校に出向き、授業や休み時間の様子を参観したり、学級担任と情報交換したりしました。これらを基に、颯介さんと母親、学級担任の困り感やニーズ及び生活機能モデルに基づく実態把握を整理しました。

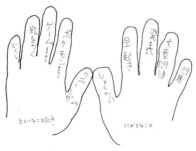

【図9　得意の手と苦手の手】

図9の得意の手と苦手の手を、颯介さんは、まず、苦手なことから書き始めました。颯介さんは、苦手なことを躊躇なくすらすらと書いていきました。しかし、得意なことになると鉛筆を持つ手が止まり、じっと考えこみました。

　そして、「得意じゃないけど、好きなことでもいい？」と尋ね、私が「いいよ」と言うと、ようやく書き出しました。スポーツクラブで習っているクライミング、ポケモン、（ポケモン以外の）ゲームの3つを書きましたが、「これはみんな好きだけど、得意じゃない。ほかの人はもっとすごいから」と言いました。

　その後、再び鉛筆の手が止まりました。そこで、私が、「颯介さ

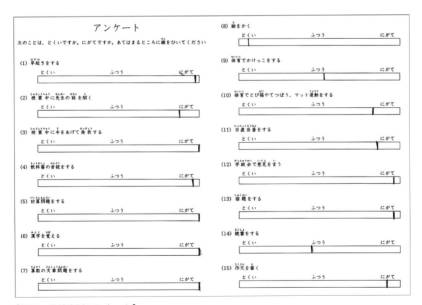

【図10　学校生活アンケート】

ん、絵を描くの得意じゃない？ 読書もいっぱいしているよね」と言うと、ようやく、残りのふたつを書きました。

　図10のアンケートの15の学習や学級活動について「とくい～ふつう～にがて」の数直線上の一番当てはまるところに印を入れてもらいました。

　颯介さんは、「絵をかく」に「とくい」、「体育でかけっこをする」、「読書をする」に「ふつう」とつけたほかは、すべて「にがて」に近いところに印をつけました。とくに、「授業中に手をあげて発表する」、「計算問題をする」、「漢字を覚える」、「算数の文章問題をする」は「にがて」の一番端に印をつけました。

検 査 名	結　　果
小学生のための読み書きスクリーニング検査	「読み」及びひらがなの「書き」は問題なし。カタカナ、漢字の「書き」は5パーセンタイル以下。課題実施時の気分の好不調が成績に影響
WISC-IV	全検査 88、言語理解 76、**知覚類推 127**、ワーキングメモリー 68、処理速度 21。下位検査評価点は、高いものがある（**語の類推 15、積木模様15、絵の概念 13、行列推理 14、絵の抹消 16**）。一方で、低いもの（単語 4、理解 6、語音整列 1）も見られた
KABC-II	認知総合尺度106、継次尺度 82、**同時尺度 121**、計画尺度 100、学習尺度 113であるのに対して、習得総合尺度 76、語彙尺度 88、読み尺度 84、書き尺度 74、算数尺度 71であった。個人間差のある下位検査項目は、**近道探し 14**、語の配列 5、数的推論 5、計算 4、理解語彙 5。個人内差のある下位検査項目は、数唱 7、**近道探し 14**、語の配列 5、計算 4
PSI	ストレス反応（心の不調）、ソーシャルサポート（周りからの援助）は問題なし。ストレッサー（ストレスの原因）は、学業が90パーセンタイル以上

【表8　颯介さんに行った検査とその結果】※ **太字**は、ほかの子と比べ優れているところ

参考文献：
宇野彰ら『小学生のための読み書きスクリーニング検査－発達性読み書き障害（発達性 dyslexia）検出のために』インテルナ出版，2006年
日本版 WISC-IV 刊行委員会『WISC-IV 知能検査』日本文化科学社,2010年
日本語版 KABC-II 製作委員会『KABC-II 心理・教育アセスメントバッテリー』丸善出版，2013年
板野雄二ほか『PSI（パブリックヘルスリサーチセンター版ストレスインベントリー）小学生用』実務教育出版，2006年

2）颯介さんと母親、学級担任の困り感やニーズ

　颯介さんは、学校での困り感として、授業中に学級に入れないことをあげました。颯介さんは、学級の人との関係が悪いわけではなく、仲のよい友達もいました。

　また、後述するように、学級担任との関係も良好でした。さらに、颯介さんが好きな図工や家庭科などでは、何をやっているかが気になり、廊下から学級をのぞき込むこともありました。しかし、それでも、教室には入れませんでした。

　颯介さんは、授業中に学級に入れないことを「このままでは駄目だ」と思っていました。しかし、同時に「でも、今、すぐに教室に入ることはとてもできない」とも感じていました。そして、駄目だと思っていることができないことに、葛藤を感じ苦しんでいました。

　さらに、「ぼく、お母さんの迷惑になっている？」と母親に尋ねるなど、母親への申し訳なさも感じていました。

　母親は、まずは、颯介さんに以前の明るい笑顔が戻ってくることを願っていました。また、学校には行って欲しいとは思っていましたが、学校に行くことが颯介さんにとってしんどいことなのであれ

ば、無理はさせたくないとも感じていました。

　学級担任は、まずは、短い時間でも、どのような形でも構わないので、できるだけ毎日学校に通って欲しいと願っていました。そして、できれば、わずかな時間でもよいので、学級で過ごせるようになればとも考えていました。

　また、「自分は、学級担任なので、颯介さんが学習についていけなくなることを一番心配している」と、颯介さんの学力を保障する必要性を強く感じていました。

母親	颯介さん	学級担任
・颯介さんの明るい笑顔が戻って欲しい ・学校に通えるようになって欲しい。ただし、学校に行くことが颯介さんにとってしんどいことであるなら、無理はさせたくない	・授業中、教室に入れない ・授業を受けられない ・このままではいけないと思っているが、今はできない ・母親に迷惑をかけていることを申し訳なく感じている	・まずは、毎日、学校に通って欲しい ・わずかな時間でもよいので、学級で過ごせるようになって欲しい ・学力保障を図りたい

【図11　颯介さん、母親、担任の先生の困り感やニーズ】

3）生活機能モデルに基づく実態把握

心身機能、身体構造

　心身機能・身体構造の問題で、一番気がかりだったのは、活力の

低下でした。PSIのストレス反応（心の不調）に問題は見られなかったものの、前述したようにこれまでの活き活きとした様子が一変し、活力が感じられず、とても疲れている様子でした。

また、WISC-IVやKABC-II（表8，58頁）から、知能は標準範囲なこと、認知機能の凸凹があることがわかりました。

さらに、注意を維持することの苦手さや情動機能の脆弱性、吃音・構音の誤りの改善なども見出されました。

活動

学校生活アンケート（図10，57頁）から、漢字の書き取りや計算、算数の文章問題をはじめとした学校生活全般に強い苦手意識があることがわかりました。

また、4年生のときの授業参観や4年生、5年生の学級担任との懇談から、全体の指示では動けず、個別的な声かけが必要なこと、授業に集中するのが苦手で、先生の話を聞いていないときがあること、運動会や学習発表会の発表など、責任やストレスがかかる場面が苦手なことがわかりました。

さらに、KABC-IIからは、学年や颯介さんの認知能力に見合った学力が身についていないことが示唆されました。

一方で、颯介さんは、絵や工作が得意で、その腕前には学級担任も一目置いていました。また、颯介さんは、大好きな恐竜についてイラストを交えてまとめる「恐竜新聞づくり」に熱心に取り組むなど、興味があることや得意なことには集中して取り組むこともわかりました。

さらに、颯介さんは、穏やかでやさしい性格であることに加え、甘え上手であることから、大人との関係構築が得意で、学級担任や校長先生、教育相談を担当する大学生などからかわいがられていました。

> 参加

　颯介さんの登校状況は、午前中だけ、朝1時間だけなどの部分登校か、1日学校に行かない不登校のいずれかでした。しかし、前述したように、学校に登校しても、授業中、学級に入れませんでした。ただし、休み時間や給食の時間などは、学級に入れるときもありました。

　また、校長や学級担任の空き時間に、校長室で校長と将棋をする、学級担任と颯介さんの好きな図工の課題や授業で使うプリント印刷の手伝いをするなどの活動をすることもありました。

　学習については、学校でも、家庭でも、ほとんど取り組めませんでした。また、習いごと（クライミング）にも行けなくなりました。

　その一方で、大学の教育臨床は、嫌がらないで毎回来ました。また、家庭では、母親と一緒に、颯介さんの好きなお菓子づくりをしたり、買い物や掃除の手伝いをしたりする様子が見られました。

> 環境因子

　颯介さんの一番の理解者、支援者は母親です。我が子が学校に行けなくなるという状況に悩み、苦しみながらも、寄り添い、支え続けてくれる母親は、颯介さんにとって一番大切な存在でした。

　また、前述したように、5年生になって学級の児童数が多くなっ

たことは、颯介さんが学校に行けなくなったきっかけのひとつでした。ただし、学校は、颯介さんの現状を理解し、問題解決のためのさまざまな対応を行いました。学級担任は、部分登校や授業中に学級に入れない颯介さんの現状を踏まえた登校形態と学校生活を保障するとともに、颯介さんとの個別対応の時間を設ける、連絡帳や電話などで学校の様子を家庭に細かく伝えるなどの対応をしました。

また、校長との個別対応の時間を設ける、図書室を解放する、(颯介さんはあまり利用しなかったのですが)特別支援学級に颯介さん専用の机と椅子を置くなど、授業中に学級に入れない颯介さんの学校での居場所づくりを、学校全体で取り組んでいました。

さらに、颯介さんには、大学の教育相談のほかに、市教育センターの臨床心理士、不登校外来の医師の3名の専門家が関与しました。ただし、学校やこれらの専門家同士の連携がうまく行かず、それぞれが相反する助言をするなど、母親を混乱させることもありました。

個人因子

得意の手と苦手の手(図9，56頁)の回答などに表れているように、颯介さんは、自己肯定感や自己有能感が低く「できない」、「駄目」と感じていたり、絵を描くことなどできること、優れていることがあるのに自信がなく、そのことに気づいていなかったりしました。

その一方で、颯介さんは、前述したように、愛嬌があり、にくめない性格で、甘え上手なため、大人からかわいがられていました。

また、これまで母親や学級担任などによくしてもらった経験が、たくさんあることもあり、大人に対する信頼感を持っていました。

さらに、やさしくて繊細な性格も、颯介さんの美点でした。

心身機能・身体構造	活動	参加
・活力の低下（疲れている） ・**知能は標準範囲** ・認知機能の凹凸がある（ワーキングメモリー、言語理解が低いが、**知覚類推、同時尺度が高い。再生は苦手だが再認は得意**。音韻処理が苦手など） ・注意を維持することが苦手 ・情動機能の脆弱性（フラストレーション耐性が低い、過敏、情緒不安定など） ・吃音、構音の誤りは改善	・漢字書き取り、計算などが苦手 ・授業や学級活動が苦手 ・全体の指示で動けず個別的な声かけが必要 ・責任やストレスがかかる場面が苦手 ・学習全般の遅れ ・**絵や工作が得意** ・授業などに集中するのは苦手だが、**興味があることは集中して取り組む** ・**大人との関係構築が得意**	・部分登校もしくは不登校 ・学級（教室）に入れない（休み時間は入れる時もある） ・担任の先生、校長先生などと一対一の活動をする ・学習に取り組めない（学校、家庭） ・**大学の教育相談には来られる** ・習い事に行けなくなる ・**母と一緒に家事に取り組む**

環境因子	個人因子
・**母親の理解と対応良好** ・学級の児童数が多い ・**担任の先生の理解と対応良好（現状を踏まえた登校と学校生活の保障。空き時間に個別対応。学校の様子を家庭に細かく伝える）** ・**学校全体の理解と対応良好（校長先生などによる個別対応。特別支援学級の弾力的運用）** ・**複数の専門機関（市教育センターの臨床心理士や不登校外来の医師、大学の教育相談）のかかわり**	・自己肯定感、自己有能感が低い（「出来ない」、「駄目」と強く感じている） ・自身がない（出来ること、優れていることがあるのに、気づいていない） ・**愛嬌があり、甘え上手。大人に対する信頼感がある** ・**優しくて、繊細**

【図12　生活機能モデルに基づく実態把握（颯介さん）】※太字は、良いところ

4）大学の教育相談の指導方針の決定

上述したように、颯介さんは、学級担任や学校の理解と対応が良好なのに加えて、複数の専門家のかかわりもありました。そのため、大学の教育相談の指導方針を決定する際には、これらの支援との重複を避ける必要がありました。このことを踏まえ、以下の3点を大学の教育相談の指導方針として設定しました。

①**大学生との自由遊びを通して、活力を回復する**

　前述したように、颯介さんの心身機能・身体構造の問題で、私が一番気がかりだったのは、活力の低下でした。活力は、あらゆる活動の原動力です。そこで、大学生との自由遊びを通して、活力を回復することを第一の方針に据えました。

　颯介さんは、大人との関係構築が得意で、大人に対する信頼感が厚いことから、大学生との自由遊びは、得意な活動と考えられました。

　また、颯介さんのペースに合わせ、一対一の時間をじっくり取ることのできる大学の教育相談は、このような取り組みを行うのに適していると思われました。

②**認知発達の評価を行い、学校などに情報提供する**

　大学の教育相談では、これまで、定期的に認知発達の評価を行ってきました。また、学級担任から颯介さんの学習のしにくさがどこからくるか、颯介さんに合った学習方法にはどのようなものがあるかについて情報提供の依頼がありました。

　そのため、大学の教育相談で、引き続き、颯介さんの認知発達の評価を行い、学校などに情報提供することにしました。

③**母親の相談相手になる**

　前述したように、颯介さんの支援には、学校と複数の専門機関がかかわり、それぞれが相反する助言をするなど、母親を混乱させることがありました。そのような際に、小学校入学直前からずっと付

き合いのある大学の教育相談は、母親にとって一番相談しやすい専門機関だったようです。

そこで、母親の悩みや不安の相談相手となるとともに、必要に応じて学校やほかの専門機関との橋渡しの役割を担うことにしました。

ICFを活用した実態把握を行うことで、颯介さんに対する支援方針がまとまりました。これに基づいて、保護者や学校、関係専門機関と協力・連携しながら、引き続き、颯介さんの支援を続けていきたいと思います。

２．難聴があり、通級指導教室で荒れた姿を見せた陽菜さん

陽菜さんが、ろう学校の通級指導教室に初めて訪れたのは、ゴールデンウイークが終わった５月の中頃でした。陽菜さんの住む地区に難聴の特別支援学級や通級指導教室がなかったため、地元の小学校に通いながら、隔週で、車で１時間以上かかる、ろう学校で通級指導を受けることになったのです。

陽菜さんは、初めての通級指導にとても緊張していました。母親に促されて蚊の鳴くような声で「こんにちは」とあいさつをした以外は、一言も話しませんでした。

また、その日は、通級指導で使う、通級指導教室、体育館、聴力測定室などの見学をしてもらったのですが、その間中、母親にぴったりくっついて、一時も離れませんでした。

それから２週間後の２回目の指導の日、私は、陽菜さんの緊張をほどこうと、通級指導教室にある大きなホワイトボードに、母親か

ら教えてもらった陽菜さんが好きなアニメのキャラクターを「ようこそ、はるなさん。これから、よろしくね！」のメッセージとともに描いたウエルカムボードを作成しました。

しかし、陽菜さんは、そのメッセージを見て笑顔になるどころか怒りの表情で、「消す！」と言って、何もかも一気に消してしまいました。そして、「帰る！」と言い、教室から飛び出してしまったのです。

また、さらに2週間後の3回目の指導の日は、聴力測定室（防音室）で聴力測定をしました。陽菜さんは、防音のためのいかつい扉がついた聴力測定室に身構えながらも、母親と一緒に何とか入室してくれました。

しかし、母親が検査で使うヘッドフォンを陽菜さんの頭につけようとすると、「イヤだ」と頭をのけぞらせ、手でヘッドフォンを乱暴に払いのけました。その後も、ずっとヘッドフォンをつけることを頑なに拒み続けたため、本来ヘッドフォンをつけなくてはいけない裸耳の聴力検査を、ヘッドフォンなしでせざるを得ませんでした。

このように、陽菜さんは、通級指導に拒否的で、荒れた態度を示しました。また、不安や緊張が強く母親から離れられない状態にも変化が見られませんでした。そこで、当面の通級指導の目標を、拒否的で荒れた態度や不安、緊張への対応としました。

そして、そのための方法として、以下のふたつを行うこととしました。

①陽菜さんがしたいこと、しようとしていることに教師は徹底的に寄り添う。また、陽菜さんがしたくないこと、不安を感じていることは、その気持ちを尊重し、決して無理強いしない。
②苦手なこと、不安なことは、教師が代わってやってみせたり、陽菜さんが確実にできる活動に変更したりする。

１）先生と一緒に「せーの」

　２学期になっても、陽菜さんは、指導中、母親から離れませんでした。しかし、苦手な聴覚測定は、ヘッドフォンを頭にかけないで、片耳ずつ当てる方法に変更することで、変則的ながらヘッドフォン越しの検査ができるようになりました。そして、片方のヘッドフォンを自分で耳にギュッと押しつけ、集中して聴こうとするようにもなりました。

　聴力検査が終わったあとは、陽菜さんがしたいことを行いました。この時期、陽菜さんがはまっていたのは鉄棒です。陽菜さんは、鉄棒が大の得意でした。そこで、毎回のように、陽菜さんとお母さん、私の３人で、ズックに履き替え、運動場の端の鉄棒に行きました。

　鉄棒では、陽菜さんと私のふたりで、鉄棒に手をかけた状態で前後に大きく体を揺すり、勢いをつけて後ろに跳ぶ距離を競う「後ろ跳び降り競争」をしました。

　まずは、私が、「よーし、先生と競争だ」と言い、後ろ飛び降りをしてみせます。すると、陽菜さんは、私よりも遠くに跳ぼうと、

必死の表情で、体を思いっきり前後に揺らします。負けず嫌いの陽菜さんは、絶対に私に負けたくないのです。何度も勝負し、陽菜さんは自分が勝つと満足して、「やった、やった」と喜んでいました。
　そして、「ねえ、今度、また『あれ』しよう」と朗らかな表情で私に話してくれました。「あれ」とは鉄棒のことでした。後述するように、陽菜さんは、「黒板」、「ピアノ」などの基本的な語彙の理解が不十分でした。陽菜さんは、「鉄棒」という言葉も知らなかったようです。
　そこで、私は、陽菜さんのプライドを傷つけないように、さりげなく「オッケー。また、『鉄棒』しようね」と返しました。すると、陽菜さんは、「うん、また、『鉄棒』しようね」と話してくれました。今回、私と鉄棒による真剣勝負を十分楽しんだ陽菜さんは、このたった一度のやりとりで「鉄棒」という言葉をしっかり覚えたのでした。
　その次の指導の日も、聴力検査を行ったあと、陽菜さんの「先生、『鉄棒』しよう」の声かけで、3人でズックに履き替え運動場の鉄棒に向かいました。陽菜さんと私との後ろ跳び降り競争の始まりです。いつものように、ふたりで横に並んで競争していると、ふと陽菜さんの顔がこちらを向いているのに気づきました。
　そこで、私は、陽菜さんの顔を見ながら「せーの！」と言って、後ろに飛び降りました。そうすると、陽菜さんも、私の声かけに合わせて一緒に飛び降りたのです。
　これまで、陽菜さんは、私からの提案を嫌がり、決して応じてく

れませんでした。これまでの私の提案は、陽菜さんにとって、未経験なことや以前失敗して苦い思いをしたことばかりでした。

そのため、不安がよぎったり、やってみようという意欲がわかなかったりしたのだと思います。しかし、今回のように、できることや得意なことに関連した提案であれば、陽菜さんは、きちんと受け止め、応じてくれるのだと感じました。

また、これまで、陽菜さんがしたいことを尊重し、徹底的に寄り添ってきたことで、陽菜さんに私からの提案を受け入れる素地が生まれたのかもしれないとも感じました。

2）内緒でつくろう

もうすぐクリスマスという12月のある日、私は、キラキラしたツリーが飛び出すクリスマスカードをつくり、陽菜さんにそっと見せました。そのとき、母親はトイレに行っていて、通級指導教室は、陽菜さんと私のふたりきりでした。きれいなものやかわいいものが大好きな陽菜さんの瞳は、磁石がぴたっと吸いつくように、そのクリスマスカードに釘づけになりました。

私は、陽菜さんの耳元に口を近づけ、「これ、内緒でつくって、お母さんにプレゼントしない？」とこっそり（ただし、難聴の陽菜さんにはっきり聞こえるように）尋ねました。すると、陽菜さんは、「うん、する」と即答しました。

私は、内心「しめしめ」と思いながら、「でも、陽菜ちゃん、これ、お母さんに内緒でつくらないといけないからなぁ。どうする？

通級の教室で先生とふたりでつくる？」と尋ねました。そうすると、あれほど母親と離れられなかった陽菜さんが、私とふたりでクリスマスカードづくりをすることを受け入れたのです。

　陽菜さんは、はさみやボンドを器用に使って、どんどん自分のイメージしたカードをつくっていきました。最初にクリスマスカードの完成品を示したことで、陽菜さんは見通しを持って活動に取り組めました。つくり方をあれこれ説明するよりも、何よりの情報源である完成品を提示する方が、陽菜さんにはわかりやすく、安心できるようでした。

　また、きれいにカードをつくりたいという思いから、普段はなかなか聞き入れてもらえない「ボンドはちょこっとね」などの私のアドバイスもきちんと聞いてくれ、ボンドの容器を持つ手の力加減に気をつけ慎重にボンドを出す様子も見られました。

　初めての私とのふたりだけの時間、陽菜さんは、「陽菜の学級の○○くんが引っ越してん。だから今は全部で○人」、「陽菜のお父さんは、チャーハンとラーメンをつくれるんよ。先生のお父さんは何つくれるん？」などと、方言を交えながらいろいろなことを話してくれました。

　最後に、待合室で待っていた母親のところに後ろ手に隠したクリスマスカードを「ジャーン」と見せ、「ママ、ほら、すごい？」ととても誇らしい表情で渡していました。

3）かえるくんの気持ち、書いてみる

　2年生に進級するころになると、陽菜さんは、ほぼすべての時間、私とふたりきりで通級指導を受けられるようになりました。また、通級指導の時間に荒れることも少なくなりました。

　そこで、無理のない範囲で、少しずつ陽菜さんがしたくないこと、不安に感じていることを通級指導で取り上げることにしました。陽菜さんが不安を感じ、できないと思い込んでいることの中に、わかること、できることがたくさんあることを知ってもらいたいと考えたからです。

　たとえば、陽菜さんの在籍学級で『どうぶつ園のじゅうい』という国語の単元が始まる前には、通級指導で予習を行いました。通級指導教室の机の上に教科書が置いてあると、陽菜さんは露骨に警戒心を表します。

　そこで、「教科書は使わないよ。パソコンで、一緒に見ようよ」と陽菜さんを誘い、パソコン上で教科書をスライドショーにしたもの見せながら、『どうぶつ園のじゅうい』の話の概要を説明しました。教科書を読んだり、質問に答えたりしなくてもいいとわかると、陽菜さんは、安心して、私の説明を聞いてくれました。

　また、陽菜さんが「学校で『お手紙』（国語の単元名）の劇をするげん」とうれしそうに話したときは、がまくん、かえるくん、ナレーターに分かれて音読劇の練習をしました。私が担当を決めるためのあみだくじのやり方を教えると、陽菜さんは、とても気に入ってくれました。そして、自分でつくったあみだくじで楽しそうに順番

を決め、元気に音読をしました。

　さらにこのときは、音読劇でがまくんやかえるくんの気持ちになりきってセリフを言うために、陽菜さんと一緒にがまくんとかえるくんの気持ちを考えました。文章を書くのが苦手な陽菜さんに考慮し、はじめに見本として、私ががまくんとかえるくんの気持ちを書いて見せました。そうすると、「かえるくんは、がまくんをよろこばて（せ）ようとしたと思います」などと陽菜さんが考えるがまくんとかえるくんの気持ちを私に話してくれました。

　陽菜さんは、私の示す学習課題に初めて主体的に応じたのです。「陽菜ちゃんの考えた気持ち、すごいね。なるほどねぇ」と言うと、誇らしげな顔でした。

４）さよなら、ありがと

　通級指導教室には、陽菜さんを含めて３人の低学年の子どもがいました。そこで、この３人でバレンタインデーのチョコレートづくりをしました。

　私は、陽菜さんをリーダーにしようと考えました。今の陽菜さんだったら、リーダーの役割を果たすことができると考えたからです。また、リーダーの経験を積むことで陽菜さんができないと思い込んでいることをひとつ減らしたいという思いもありました。

　リーダーの役割は、チョコレートづくりの説明です。陽菜さんは、説明の原稿を何度も読んで練習しました。そして、チョコレートづくり当日、私は、「さあ、リーダー、お願いしますね」と陽菜さん

に呼びかけました。一瞬、ぶすっとして「なんで、私がリーダーなん？」とでも言いたげな表情をした陽菜さん。でも、すぐに、きりっとした顔つきになり、練習通りにチョコレートのつくり方を丁寧に説明してくれました。

　３月になり、通級指導教室最後の行事である「卒業を祝う会」が近づいてきました。実は、陽菜さんは３年生から新しく地域の小学校に開設される難聴の特別支援学級に転籍し、ろう学校の通級指導を「卒業」することになっていました。

　そこで、私は、陽菜さんにぜひ「卒業を祝う会」に参加してほしいと思っていました。しかし、初めての場面が苦手な陽菜さんは、１年生のときの「卒業を祝う会」に参加しませんでした。そして、今年の「卒業を祝う会」への参加を誘った際の返事も、「行きたくない」の一言でした。

　卒業を祝う会では、テーブルの上の紙風船をうちわで扇いでシュートする「うちわサッカー」をすることになっていました。そこで、通級指導の時間にこのゲームをやってみました。実際にやってみると、ルールが単純でわかりやすい割に、どんなに強く扇いでも紙風船がなかなかいうことを聞いてくれないなど奥深いところがあり、陽菜さんはすっかりこのゲームの虜になりました。

　そして、「先生、ここに落ちたら100点で、ここだと10点……」とゲームの新ルールをつぎつぎと考え、紙に書き始めました。そこで、私は、「卒業を祝う会のうちわサッカー、陽菜さんの考えたルールでするとおもしろいだろうな」とつぶやくように言ってみました。

すると、陽菜さんは、自分で書いたルールの紙をじっと見て、にんまりとうなづきました。
　そして、卒業を祝う会当日。なんと、陽菜さんは、一番乗りでやってきました。そして、卒業を祝う会が始まりました。会の始めは、緊張した表情だった陽菜さんも、うちわサッカーになると、はじけるような笑顔になりました。参加している子どもが、自分の書いたルールの紙を見ながらゲームを進めているのが得意げな様子でした。
　楽しかった卒業を祝う会も、いよいよ最後のプログラムの一言メッセージの時間になりました。陽菜さんは、今日はとても楽しかったこと、自分は今日でろう学校の通級を卒業して、3年生からは地元の難聴学級に通うことをしっかりした声で発表しました。その声に、最初に通級指導に訪れたときの不安や荒れた様子はありませんでした。楽しい会はあっという間に終わり、お別れの時間になりました。陽菜さんは、最後に、優しい顔で「さよなら、ありがと」と言って、母親と肩を並べて帰っていきました。

5）ICF の観点から、陽菜さんへの指導を整理する

　陽菜さんは指導開始当初、母親から離れられず、荒れた態度を示しました。しかし、2年間に及ぶ通級指導を通して、これらの問題が解消され、集団活動のリーダーや発表もできるようになりました。
　それでは、どうして、陽菜さんは、指導開始当初、あそこまで母親から離れることを拒否し、荒れた態度を示したのでしょうか。
　また、今回行った指導は、陽菜さんにとって、どのような意味が

あったのでしょうか。このことを探るために、ICFの観点から、陽菜さんの臨床を整理したいと思います。

心身機能・身体構造	活動	参加
・聴覚（裸耳 右 55dB、左 59dB；補聴器装用 右 33dB、左 34dB、単音了解 78%、単語了解 79%） ・構音（s →省略、t,ɕ；全般的な明瞭性の低下） ・認知機能（WISC-Ⅲ、全検査IQ66、言語性 IQ66、動作性IQ73、言語理解62、知覚統合69、注意記憶 76、処理速度100） ・語彙（絵画性語い検査 語い年齢3歳4ヶ月、評価点1）	・高頻出語彙の未習得（黒板、ピアノ、放送、鉄棒、膝など） ・高頻出語彙の誤認識（つける→つばる、背中→せかか、机→すくえ など） ・音声言語による情報の理解が困難（授業、教師の教示、他児との会話など） ・学習全般の遅れ ・**周囲の様子を見て合わせる（真似する）ことができる** ・**運動、絵や工作が好き**	・**在籍学級** 　・**きちんと取り組んでいる** ・通級指導 　・母親から離れられない 　・荒れる 　・行事に参加出来ない

環境因子	個人因子
・**母親の理解と対応良好（母親から離れられなかったり荒れたりする姿を受け止め、理解）** ・**学級担任は、ほかの子に陽菜さんの方を向いて話すよう指示する、ゆっくり区切りながら話す、教科書の挿絵の拡大コピーや色つきチョークを用いた板書をするなど、個別的な声かけをする、陽菜さんの聞こえにくさに応じた配慮をしている** ・**学級に支援員を配置** ・**ろう学校通級指導教室に通級**	・自己肯定感、自己有能感が低い（「出来ない」、「駄目」と強く感じている） ・自信がない ・プライドが高く、正誤のジャッジに敏感→間違えないよう絶えずアンテナを張り、周囲に合わせる ・不安や緊張が強い（初めてのこと、出来ないと感じること） ・**人なつっこく、お話好きで、快闊**

【図13　生活機能モデルに基づく実態把握（陽菜さん）】※太字は、良いところ

　図13は、陽菜さんの生活機能モデルに基づく実態把握をまとめたものです。陽菜さんは、聴覚障害のため言語音の了解が悪く、そのことが構音や認知機能（とくに言語性）、語彙の発達に悪影響を与えていました（**心身機能・身体構造**）。そのため、日常よく用いる高頻出語彙の中にも、知らない言葉、誤って覚えている言葉が多くありました（**活動**）。

　さらに、聴覚障害で音声がよく聞き取れないことに加えて、知ら

ない言葉、誤って覚えている言葉が多い陽菜さんは、授業や教師の指示、ほかの子との会話といった音声言語による情報の理解が困難でした(活動)。しかし、周囲の状況を見て合わせることが上手な陽菜さんは、教師やほかの子の発する音声言語を理解できなくても、ほかの子の行動を真似して同じように振る舞うことができました(活動)。

さらに、陽菜さんはプライドが高く正誤のジャッジに敏感で、失敗したくない、恥をかきたくないという気持ちが人一倍ありました。そのため、誤りがないよう絶えずアンテナを張り、必死に頑張って周囲に合わせていました(個人因子)。

これらの努力が功を奏し、陽菜さんは、学級担任やほかの子から、「言語の指示の聞き取りや学習は苦手だが、授業や学級活動にきちんと取り組む、普通の子、問題のない子」と評価されていました。

失敗したくない、恥をかきたくないという気持ちが強い陽菜さんにとって、「普通の子、問題のない子」という評価は、我が意を得たものだったでしょう。しかし、わからないことがたくさんある中で、わからないことがばれたり、間違ったことをして失敗したりしないかと絶えず不安を抱え、緊張して毎日の生活を過ごすのは、とてもしんどかったのではないかと思います。

そして、母親が近くにいるという安心感や、通常の学校生活から切り離された「特別な場」である通級指導の雰囲気が、陽菜さんのかかえていた不安や緊張をぶちまけさせたのではないでしょうか。

私は、これが、陽菜さんが通級指導で荒れた理由だと考えます。

なお、陽菜さんの通う小学校では、学級に支援員を配置したり、

学級担任による陽菜さんの聞こえにくさに応じたさまざまな配慮をしたりしていました。しかし、学級で失敗したくない、恥をかきたくないと考えていた陽菜さんには、学級で荒れるという選択はとれなかったと思います。その意味でも、通常の学校生活から切り離された通級指導の存在は大きかったのではないでしょうか。

　これらのことから、通級指導では、母親から離れられなかったり、荒れたりすることを「問題行動」ととらえ、これらを如何になくすかとは考えませんでした。そうではなく、これらを「意味のあること」、「陽菜さんにとって必要なこと」ととらえ、その根底にある不安や緊張、自信のなさ、プライドの高さなどを理解し、受け止めようと考えました。

　そして、同時に、陽菜さんの好きなこと、得意なことを取り入れつつも、陽菜さんがしたくない、不安と感じていることに、教師の私とともに向き合い、乗りこえる経験を積み重ねていこうと考えました。私の提案を受け入れ「せいの」と後ろ飛び降り競争をする、母親に内緒のプレゼントをするために母親から離れて活動する、苦手な国語の学習やリーダー、あいさつなどに取り組むといった陽菜さんのゆっくりだけど確実な変化は、今回の指導に一定の意味があったことを表しているのではないでしょうか。

　陽菜さんは、新しく開設された難聴学級で、同じ難聴がある仲間や、交流学級の子どもたちと、毎日、楽しく、活き活きと過ごしているようです。人なつっこく、お話好きで快闊な陽菜さんの今後のさらなる成長を心より願っています。

おわりに

　本書では、大学の言語・コミュニケーション障害の教育相談、ろう学校の通級指導を担当している筆者らが、日々の実践で大切にしていることを、ICFという枠組みを用いて整理しました。

　私たちは、個別指導での子どもや保護者などとのかかわりを通して、さまざまなことを学んできました。個別指導をしていると、大変なこと、しんどいことがたくさんあります。しかし、うれしいこと、やりがいを感じることは、もっとたくさんあります。私たちが、まがりなりにも個別指導を続けてこられたのは、個別指導が大きな学びの場、やりがいを感じられる場であるからにほかなりません。

　本書に書かれていることの多くは、自宅のダイニングテーブルで食後のお茶を飲んでいるときの何気ない会話に着想を得ました。私たちの考えや取り組みが、これから個別指導をはじめられる先生方のヒントになれば、うれしく思います。

　また、すでに個別指導に取り組まれている先輩諸氏の先生方からは、忌憚ないご意見をいただければ幸いです。

　本書を執筆する機会を与えていただいた青山新吾先生、編集の労をお引き受けいただいた学事出版の加藤愛様に深謝いたします。また、今回事例の掲載にご快諾いただいた2組のご家族をはじめとする、私たちの拙い個別指導でかかわっていただいた子どもと保護者に深く御礼申し上げます。

　ありがとうございました。

《著者紹介》

小林宏明（こばやし・ひろあき）
金沢大学人間社会研究域学校教育系教授。筑波大学大学院障害学研究科修了。博士（心身障害学）。筑波大学心身障害学系準研究員、助手、金沢大学人間社会研究域学校教育系准教授を経て現職。

小林葉子（こばやし・ようこ）
石川県立ろう学校教諭。広島大学大学院学校教育研究科修了。教育学修士。

特別支援教育ONEテーマブック⑦
吃音・難聴・読み書き障害の子へのICFに基づく個別指導

2015年5月20日　初版発行

著　者——小林宏明・小林葉子

発行者——安部英行

発行所——学事出版株式会社
　　　　〒101-0021　東京都千代田区外神田2-2-3
　　　　電話 03-3255-5471
HPアドレス：http://www.gakuji.co.jp

編集担当　加藤愛（株式会社メディアクリエイト）
カバー・表紙・本文イラスト　福々ちえ／デザイン　中村泰宏
印刷製本　精文堂印刷株式会社

©Hiroaki Kobayashi, Youko Kobayashi　　　　落丁・乱丁本はお取替えします。

ISBN4-7619-2135-4 C3037